# 农业水价改革

## 理论、实证研究与制度设计

雷 波 杜丽娟 柳长顺 杨开静 等 著

科 学 出 版 社

北 京

## 内 容 简 介

本书以农业用水行为对农业水价变动的反应机制研究为出发点，在借鉴国际农业水价相关经验做法的基础上，从农业水价综合改革措施的制定实施和对利益相关方的影响两个角度，研究分析了典型地区农业水价综合改革政策的效率和影响，构建了农业用水户对用水价格变动的反应机制，探索提出针对性强、特色鲜明的水价改革新模式，并针对南北方灌溉用水差异创新性地提出不同的水价定价方法及激励模式下农业节水政策措施，为进一步完善我国农业水价综合改革提供理论基础和决策支持。

本书可供农业用水管理等相关专业的科研人员、技术人员以及对相关领域感兴趣的人员参考阅读。

**图书在版编目(CIP)数据**

农业水价改革：理论、实证研究与制度设计 / 雷波，杜丽娟，柳长顺，杨开静等著．—北京：科学出版社，2022.11

ISBN 978-7-03-073701-4

Ⅰ.①农… Ⅱ.①雷… Ⅲ.①农村给水-水价-物价改革-研究-中国 Ⅳ.①F426.9

中国版本图书馆 CIP 数据核字（2022）第 208291 号

责任编辑：王 倩 / 责任校对：樊雅琼

责任印制：吴兆东 / 封面设计：无极书装

科学出版社 出版

北京东黄城根北街 16 号

邮政编码：100717

http://www.sciencep.com

北京建宏印刷有限公司 印刷

科学出版社发行 各地新华书店经销

*

2022 年 11 月第 一 版 开本：720×1000 1/16

2023 年 2 月第二次印刷 印张：11

字数：222 000

**定价：138.00 元**

（如有印装质量问题，我社负责调换）

# 参与编写人员名单

（按姓氏笔画排序）

史玉琼　邯郸市漳滏河灌溉供水管理处
白明皓　中国水利水电科学研究院
朱秀珍　中国水利水电科学研究院
刘　巍　中国水利水电科学研究院
刘慧博　中国水利水电科学研究院
杜丽娟　中国水利水电科学研究院
杨开静　中国水利水电科学研究院
何永煜　鄂北地区水资源配置工程建设与管理局（筹）
汪明君　四川省青衣江乐山灌区运管中心
张庆龙　中国水利水电科学研究院
易晓丽　鄂北地区水资源配置工程建设与管理局（筹）
周　军　中国水利水电科学研究院
柳长顺　中国水利水电科学研究院
高媛媛　水利部南水北调规划设计管理局
雷　波　中国水利水电科学研究院
熊　萍　鄂北地区水资源配置工程建设与管理局（筹）

# 前　言

长期以来，我国农田水利基础设施薄弱，运行维护经费不足，农业用水管理不到位，农业水价形成机制不健全，价格水平总体偏低，不能有效反映水资源稀缺程度和生态环境成本，价格杠杆对促进节水的作用未得到有效发挥，不仅造成农业用水方式粗放，而且难以保障农田水利工程良性运行。本书以农业用水行为对农业水价变动的反应机制研究为出发点，在借鉴国际农业水价相关经验做法的基础上，从农业水价综合改革措施的制定实施和对利益相关方的影响两个角度，研究分析了典型地区农业水价综合改革政策的效率和影响，构建了农业用水户对用水价格变动的反应机制，探索提出针对性强、特色鲜明的水价改革新模式，并针对南北方灌溉用水差异创新性地提出不同的水价定价方法及激励模式下农业节水政策措施，为进一步完善我国农业水价综合改革提供理论基础和决策支持。

本书共9章。第1章概论，由雷波、杨开静、高媛媛撰写；第2章农户灌溉决策行为理论分析，由雷波、杜丽娟、白明皓撰写；第3章我国农业水价改革发展历程，由杜丽娟、柳长顺、周军撰写；第4章灌区水价调整对农业节水的影响分析，由雷波、柳长顺、刘慧博撰写；第5章基于农业供水分担机制的农业供水补偿研究，由雷波、杨开静、朱秀珍、何永煜、易晓丽、熊萍撰写；第6章灌区农业水价形成机制，由朱秀珍、杜丽娟、雷波、史玉琼、周军、汪明君撰写；第7章南方丰水区农业水价改革新模式，由雷波、汪明君、周军、刘巍撰写；第8章我国农业节水体制机制现状及问题，由杜丽娟、柳长顺、杨开静撰写；第9章深化农业水价改革促进农业节水政策建议，由雷波、柳长顺、白明皓、易晓丽撰写。全书由雷波、杨开静、杜丽娟统稿校核，雷波、杜丽娟最终审定。

在撰写的过程中，我们力求工作的系统性、科学性和创新性，但限于著者时间和水平，书中难免出现疏漏和不足之处，恳请读者批评指正。

作　者

2022年11月

# 目　　录

# 第1章　概　论

## 1.1　研究背景与意义

我国是人口大国，也是农业大国，保障国家粮食安全是我国基本战略目标。水资源是人类生产生活、社会可持续发展的基础性资源，是实现我国农业可持续发展目标和国家粮食安全目标的根本保障。人多水少、水资源时空分布不均的基本水情导致我国粮食安全对灌溉的依赖性大，粮食产量与灌溉面积紧密相关。据测算，我国灌溉耕地面积占耕地总面积不足50%，但灌溉耕地上的粮食产量占全国粮食总产量的75%左右，灌溉对我国粮食安全战略贡献巨大。根据水利部《全国现代灌溉发展规划》预测，为了保障农产品供给和粮食安全，到2030年全国灌溉面积应不低于11亿亩（1亩≈666.7$m^2$），其中农田有效灌溉面积应不低于10亿亩。但是从农业用水供给来看，2010年以来，全国农业用水量基本维持在3860亿$m^3$，且随着其他行业的挤占，未来总用水量有可能缩减到3730亿$m^3$。在这一大趋势下，增加的灌溉面积只能通过节水灌溉来解决。因此，采用各种节水措施提高灌溉水利用效率，全面发展农业节水是保障我国粮食安全和水资源可持续利用的必然选择。

大兴农田水利，是发展现代农业不可替代的基础条件，是保障国家粮食安全的主要支撑，是实现水利现代化的重要基础。为了解决农业灌溉供水安全问题，党和国家一直高度重视我国农田水利事业的发展，农田有效灌溉面积从1949年的2.4亿亩发展到2015年的9.88亿亩，居世界首位；2015年节水灌溉面积4.66亿亩，占有效灌溉面积47.2%；农田灌溉水利用系数0.536，近10年提高了14.1%，耕地实灌面积的亩均用水量下降了85$m^3$，农业用水效率和效益不断提高，有效保障了粮食产量多年连增的佳绩。尽管成就巨大，我国灌溉农业发展仍面临着诸多难题，突出表现为两个方面：高效节水工程建设滞后和灌溉工程管理改革任重道远。工程方面，长期土地分散经营模式下形成的分散用水模式使现状节水灌溉方式简单、规模小，高效节水灌溉面积占比低，节水灌溉制度推行难，水资源利用效率偏低。2015 年我国高效节水灌溉面积 2.69 亿亩，占有效灌溉面积的 27.2%；节水率较高的喷微灌面积仅占有效灌溉面积的 13.7%，远不及发达国家2000 年的水平。农业灌溉水利用系数0.536（北方为0.58，南方为0.51），仅为发达国家的 75%。灌溉管理改革方面，由于历史原因，长期以来我国灌溉用水实行低价甚至免费用水，导致农业水价改革推行困难，农业水价偏低，现行水价不到供水成本的50%，很多地方甚至低于 30%，水费实收率不足 70%，超过40% 的灌区管理单位的运行经费得不到满足。由于水价偏低，农民和灌区对节水技术的采用和推广积极性不高，进一步限制了农业节水的发展。

1978 年以前，我国各部门用水基本实行免费制度，之后进行了几次水价改革，各个地区水价改革的幅度不同。考虑物价因素，我国 1997 年以前总体上灌溉用水价格没有太大的增长，灌溉用水价格不足供水成本的 1/3，大多数灌区用于灌溉设施维护和管理的费用远远高于其征收的水费。灌区入不敷出，灌溉设施老化失修，很多灌区存在严重的经济亏损问题。1997 年国务院发布了《水利产业政策》，规定新建水利工程的供水价格，要按照满足运行成本和费用、交纳税金、归还贷款和获得利润的原则制定。到 2004 年 1 月，中国政府正式实施了新的《水利工程供水价格管理办法》，明确指出供水者是“经营者”，要提高水价以体现水的商品价值。基本原则是水价制定要全部补偿供水成本并在非农部门保证一定的利润和税金。针对农业水价改革和征收过程中遇到的一系列问题，从2007 年开始，在水利部的组织下，国家在 13 个粮食主产省和 4 个主要产粮区开始推行农业水价综合改革试点；2014 年，在国家发展和改革委员会（简称国家发改委）、财政部、水利部、农业部等四部委的共同组织下，试点工作扩大到 27个省 80 个试点县。2016 年 1 月，国务院办公厅印发《国务院办公厅关于推进农业水价综合改革的意见》（国办发〔2016〕2 号），要求各省（自治区、直辖市）把农业水价综合改革作为改革的重点任务，积极推进落实。

作为人口大国、农业大国和灌溉大国，农业节水问题一直是关乎国家粮食安全战略和农业可持续发展的重点和难点。党和国家一直高度重视水价改革在改变农民传统用水行为，促进农业节水发展的关键作用，将农业水价改革作为农业节水的重要问题和突破口。农业水价综合改革从 2007 年示范试点开始，到今天农业水价综合改革已经步入全面推进阶段。“十四五”时期是深入推进农业水价综合改革的关键时期。我国农业水价综合改革制度设计不断趋于完善，农业水价改革不单单是围绕水价调整做文章，而是从困扰水价改革的工程技术措施、管理体制和激励机制等全方位入手，力求从深层次入手解决困扰水价改革多年的顽疾。此外，随着我国经济发展步入新常态，尤其是供给侧结构性改革的深入推进和农业适度规模经营的发展趋势越来越明显。农田水利工作，尤其是农业水价综合改革也面临了不少新的挑战。

第一，农业用水户的形态已经发生了变化。我国农业现代化发展进入了新的阶段，适度规模经营的农业发展模式越来越明显。据有关资料显示，截至 2016 年年底，全国土地流转面积占家庭承包耕地总面积的 35% 左右，以农业大户、农业专业合作社、农业现代化企业为代表的新型农业经营主体将会逐渐占据重要位置。所谓新型农业经营主体是指具有相对较大的经营规模、较好的物质装备条件和经营管理水平，劳动生产、资源利用和土地产出率较高，以商品化生产为主要目标的农业经营组织。新型农业经营主体的主要特征就是生产经营活动以市场为导向，有一定的规模，有较强的专业化手段等。由于其生产活动紧密联系市场，又有一定的规模，因此其生产活动对生产要素价格的变动比传统的农民用水户更加敏感，而灌溉对规模化经营的农业产业支撑作用更为关键。在这个前提下，如何利用好水价的杠杆作用，既要保证农业水价改革的目标实现，又要不损害这些新型经营主体的经济利益，也是农业水价综合改革必须要关注的问题。

第二，最严格水资源管理制度的实施，从客观上要求各个行政区域必须统筹考虑区域内各行业的水资源的均衡配置问题。事实证明，市场是资源配置最有效的手段之一。用水总量控制和定额管理可以从技术上进行划分，但在实际运行过程中，还是需要价格作为重要的杠杆来调节和约束用水户的用水行为。因此，用水总量控制和定额管理制度的落实是农业水价综合改革的一个重要前提，反过来，合理的水价机制也能有效地促进该项制度的完善。在这个前提下，从制度安排上来说，农业水权市场的建立、农业水价形成机制的完善和水价精准补贴、节水奖励机制的建立是层层递进、紧密相扣的三个环节，而水价是这个环节中的关键节点。如何发挥好农业水价这个关键节点的作用，也是关注的焦点和难点。

第三，农业灌溉是用水大户，目前来说用水总体效率不高，故节水潜力很大。党和国家高度重视节水灌溉工作，国务院印发的《国家农业节水纲要（2012—2020 年）》从宏观政策、发展方向及具体对策层面，对大力发展农业节水做出全面部署和统筹安排。水利部编制印发的《全国现代灌溉发展规划》提出我国现代灌溉发展的思路和目标。《中华人民共和国国民经济和社会发展第十三个五年规划纲要》（简称《“十三五”规划纲要》）明确要求“十三五”期间新增高效节水灌溉面积1亿亩。为了落实《“十三五”规划纲要》的要求，水利部牵头编制了《“十三五”新增1亿亩高效节水灌溉面积实施方案》，提出要坚持先建机制、后建工程，将农业水价综合改革作为实施高效节水工程的必要前提条件。如何将农业水价的价格作用与高效节水工程相结合，使节水工程真正发挥节水高效的作用，也是政策制定者关注的热点问题。

第四，农业水价综合改革政策，从试点到全面推进，已经走过了十多年时间。其间，农业水价综合改革政策也在随着形势的变化不断完善。这种变化既有国家社会经济大背景的发展变化，也有农村社会经济形势的变化，还包括农田水利基础设施的不断完善过程。为了适应各种形势的变化，政策制定者需要不断地获取利益相关方对农业水价综合改革相关政策措施的反馈。这些利益相关方既包括各级水行政部门、基层灌溉管理机构，也包括农民用水合作组织、传统农民用水户和各种新型农业经营主体等。这种反馈既包括利益相关者对农业水价综合改革各项措施的态度，也包括这些措施实施的效率对利益相关者所产生的影响问题。

### 1.1.1 我国水资源利用存在的问题及基本对策

水资源属于基础性资源，实现水资源的可持续利用是国民经济可持续发展的根本保障。《全国第二次水资源调查评价》显示，根据1956～2000年资料系列计算，全国水资源总量为28405亿$m^3$，列世界第6位，其中地表水资源量为27328亿$m^3$，约占水资源总量的96%，但单位土地面积水资源量仅为世界平均的83%，人均水资源量也仅为世界平均水平的1/4，且存在严重的时空分布不均等问题。当前及未来相当长的一段时期内，我国水资源开采和利用将存在一系列问题，尤其是水资源短缺问题将成为国民经济可持续发展的重要制约因素。一方面，我国人均占有水资源量少，且随着我国经济持续快速的增长，对水量的需求也将持续增加；另一方面，为了片面追求经济发展速度和规模，高耗水、高污染的发展模式屡见不鲜，致使我国水资源污染严重、浪费严重的问题不断出现。因此，以水资源短缺和浪费并存、水污染日益严重为特征的水资源利用问题已经成为影响我国国民经济可持续发展的基本制约性因素之一。开展节水型社会建设，走节水、高效、低污染的发展道路是我国实现国民经济可持续发展的必然选择。

近年来，为了促进节水型社会的建设，党和国家出台了一系列政策法规。党的十五届五中全会提出“水资源的可持续利用是我国经济社会发展的战略问题，核心是提高用水效率，要把节水放在突出位置”。党的十六大提出“合理开发和节约使用各种自然资源”，并将“抓紧解决部分地区水资源短缺问题”作为全面建成小康社会的重要任务之一。根据党的十六大指导思想，水利部针对我国水利发展现状和水资源利用特点，提出了治水新思路：要推动传统水利向现代水利、可持续发展水利转变，提高水资源利用效率和效益，建立节水防污型社会，促进人与水的和谐，以水资源的可持续利用支持经济社会的可持续发展，为实现全面建成小康社会目标提供水资源的支撑与保障。《国务院关于做好建设节约型社会近期重点工作通知》也明确将节水列入国家建设节约型社会近期五个重要方面之一。为此，水利部提出全面建设节水型社会的战略举措，其具体目标：通过建立国家水权制度，对全社会用水实行总量控制和定额管理，提高水资源的利用效率和效益，实现农业用水总量零增长、经济社会发展用水总量缓增长，以水资源的可持续利用保障经济社会的可持续发展。

## 1.1.2　农业节水与粮食安全

我国有 14 亿多人口，是世界上人口最多的国家。保障中国粮食安全对中国乃至世界经济发展和社会稳定都至关重要。中国以占世界 7% 的耕地养活了占世界 22% 的人口，其中农业灌溉起到了很大的作用。农业生产的诸多影响因素中，农业灌溉是最主要因素之一（高卫东等，2020）。灌溉对于我国农业生产和粮食安全保障具有比其他国家更为重要的地位，是我国提高粮食生产水平的基础和前提（苏人琼，1999）。我国的粮食安全对灌溉水有着极大的依赖性，然而改革开放以来，随着我国国民经济的发展和工业化进程的加快，粮食生产赖以保障的水土资源持续向非农产业转移，灌溉水供给所面临的形势十分严峻。国内外众多研究表明，如果按照现在的灌溉用水效率发展下去，以我国现有的水资源承载力，粮食安全将难以得到保证。《全国水资源综合规划》成果显示，我国多年平均缺水量为 536 亿 $m^3$，其中农业缺水约 300 亿 $m^3$。但是，按照石玉林院士和卢良恕院士编写的《中国农业需水与节水高效农业建设》一书中的预测，如果我国灌溉水利用系数能在 2030 年达到 0.65 的话，则我国灌溉水需水将基本得到满足。

因此，要实现基于水资源承载力的粮食安全，发展农业节水是必然的选择。

### 1.1.3 农业节水的实现——技术支撑与经济调节

农业节水通常是指在农业生产过程中运用现有节水技术进行农业生产，以期在达到一定产量的前提下实现农业水资源的节约利用。农业节水的实现需要两个基本的支撑条件，即技术支持和经济调节。从技术方面来看，我国对农业节水技术的研究进行多年，并且已经形成了较完整的农业节水技术体系。但从社会角度来看，到目前为止，农业节水的推广还跟不上发展的需要。只有在广大农村地区普遍实现农业节水技术的推广和应用才能真正实现农业节水。从经济角度来看，我国农业生产已经习惯低价甚至免费地获取和使用水资源。农业节水这一新型农业生产方式的推广给农民带来的冲击是必然的，因生产方式的转变所带来的农业生产成本的变动给农业节水推广带来的阻力也是不容忽视的。农业节水的实现必须考虑广大农民的切身利益，要使农民既愿意付诸实施又能够承受农业节水带来的冲击。因此，除了技术条件之外，农业节水的实现还需要靠有效的经济手段和广泛的社会力量。

### 1.1.4 问题的提出

国内外的实践表明，水价在节水中具有重要的作用，它在提高水的利用效率，促进水资源优化配置中发挥着重要的作用。为了经济社会的可持续发展，需充分认识和估量水价与水资源需求的关系，通过经济手段激发人们的节水意识，对加快用水价格的改革，促进节约用水具有重要的意义。然而，农业生产的特殊性以及我国农业水资源利用的现状决定了农业水价长期偏离真实水价，致使水价在调节农民用水行为方面的作用大为削弱，农业水资源浪费现象十分严重。随着我国全面推进农业水价综合改革，无论是政策制定者、政策执行者还是政策的受益者或者受影响者，都将面临新的形势要求和新的挑战，也面临如下的问题：

（1）在实行农业水价综合改革的地区，其真实的灌溉水价定价水平变化情况究竟如何？改革后的水价占供水成本的比例及农业生产成本的比例究竟有多大？

（2）基层灌溉供水和管理单位、农民用水户、新型农业经营主体对灌溉农业水价综合改革的真实态度是什么？

（3）基层管理机构如何确定和划分农业水价制度？农民对农业水权制度的接受程度如何？水价补贴是否真实有效地和定额管理制度相结合？节水奖励机制是否真的可以提高农民主动节水的意识和积极性？

（4）农业水价综合改革对灌溉用水、粮食生产、农民增收产生什么样的影响？

（5）在各省（自治区、直辖市）高效节水灌溉任务实施过程中，是否将农业水价综合改革作为必要的任务来开展？具体开展情况如何？

# 1.2　国内外研究进展

## 1.2.1　农业供水的定价理论研究

### 1. 农业供水基本特性

灌溉农业在农业生产中占据重要的地位和作用，农业供水工程设施是将灌溉用水由水源输配到田间的一系列灌排工程设施的总称，包括水源工程、输配水工程和田间工程。与非农供水相比，由于灌溉农业的特殊性，农业供水工程具有以公益性和准公益性为主，经营性普遍较弱的属性，其基本特点包括基础性、公共产品属性、公益性和准公益性、周期性等。

**1）基础性**

灌排工程是改善农业生产、农民生活、农村生态环境条件、抗御水旱灾害的基础设施，是农业和农村社会化服务体系的重要组成部分，与农村道路、农村供电等同属农村公共工程，具有很强的基础性。

**2）公共产品属性**

无论是灌区的蓄引提输配退泄工程，还是“最后一公里”的斗农毛渠系工程，基本上都是多人受益甚至是社会受益的共有产品，其建设、维护和运行管理都需要受益群体的共同参与，也需要政府投资建设和运行管理，所以说灌排工程设施体现出很强的公共产品属性。

**3）公益性和准公益性**

这是由灌排工程设施的公共产品属性决定的，灌排工程设施是国家粮食安全的重要保障，其受益对象主要是农业弱质产业、农民弱势群体，本身盈利性较弱甚至不能盈利，故灌排工程设施表现出具有较强的公益性和准公益性。

同等量的水资源用于农业生产和非农业生产，其产出价值差别很大。与非农业用水高效益相比，农业供水的经济效益远远低于工业和第三产业的经济效益，但是农业灌溉由于具有生态环境功能和社会功能等非经济功能，使其所产生的效益除了包括经济效益外，还包括社会效益和生态环境效益。从社会效益和生态环境效益角度来讲，农业灌溉用水能够起到保障国家粮食安全、改善区域生态环境的作用，灌溉用水具有的这种公益性决定了其综合效益高的特征。

**4）周期性**

由于天然降水的年内分配和作物的需水规律很难完全保持一致，为了满足作物的生长正常需水要求，大多数作物需要在特定的时间进行农业灌溉。农业工程供水的主要目的是满足农作物的需水要求，因此伴随着农作物需水规律的波动性，农业供水也体现出周期性的特点。作物在生育阶段缺水会对作物的生长发育及产量产生影响，但是不同生育阶段作物对缺水的敏感程度不同。相对于水资源在灌溉面积上的分配而言，水资源在作物生育期内不同阶段的分配更能体现作物需水的阶段性、周期性。作物需水所具有的周期性也就要求农业灌溉供水具有周期性，灌溉主要集中在作物需水的关键期。

### 2. 农业水价定价问题综述

农业供水具有保障生产、维持生态等多功能性，加之农业在市场经济体制下的相对弱势，一直以来我国对农业供水水价按补偿供水成本原则的政策定价。同等量的水资源用于农业生产和供应生产，其产出价值差别很大。但是即便如此，仍然存在农民的水费实际承受能力低于成本供水价格的情况。因此，为了保证农业供水工程的健康持续运行，有必要对农业供水成本进行补偿。

水价机制是农业水价改革的核心（李然和田代贵，2016），按照市场经济原则建立科学的农业水价形成机制是促进水资源优化配置和高效利用的关键。我国农业水价改革先后经历了无偿供水、低标准收费、按成本定价三个阶段。农业用水的水价主要受到供水成本、资源成本、农民水价承受能力、电费及国家补贴等多种因素的影响（景金勇等，2015）。然而对于如何制定农业水价，目前尚未有统一的标准，不同国家和地区的水资源管理模式也有较大差异。水价偏低容易导致农业用水户缺乏节水意识、供水单位亏损及水资源环境污染等问题，进而加剧水资源短缺造成的用水矛盾；水价偏高又会给农业用水户带来负担，造成相关主体利益冲突。由此可见，科学合理的农业供水定价机制不仅要考虑供水成本和用水户的承受能力，还要考虑定价的理论依据、方法和模式等。

**1）农业水价定价理论研究**

关于农业水价定价的理论研究，国外已有充实的理论基础作支撑，水资源定价的理论依据来源于20世纪70年代开始的资源稀缺性和边际效用价值论。一些资本主义发达国家将水资源视为一种商品，对水价的制定一般使用生产水资源的机会成本法、供需分析法、边际成本法等。随后一些学者将包括边际成本法在内的诸多定价理论作为农业水价定价的主要依据（Li and Liu，2016；Jia et al.，2016），随着农业水价机制研究的不断深入，自然条件、经济社会发展、水资源配置等诸多因素也逐渐被纳入农业水价中来（Ciotola et al.，2011）。我国在80年代初开始对水资源价格展开研究，将水视为商品，从维护水利工程正常运转出发，探索计收水费的方法，此时已考虑从水效益的角度计收水费。随后开始探讨对水资源本身价值的研究。徐占国（2005）采用对象分析法，对国家、供水方和需求方逐个进行水价因素分析，结果显示灌溉供水系统的良好运行与增加收入密切相关。秦长海（2013）基于水资源价值理论，以及供给价格和需求价格的平衡关系，认为水资源定价的主要依据是边际效用论、劳动价值论、使用价值和补偿价值等多重属性。尹越等（2017）利用能值理论和灌溉多功能性理论的公式化成果，定量计算水价中的成本水价，并给出合理的水价价格，丰富了相关部门制定灌溉水价的理论依据。

**2）农业水价定价方法研究**

灌溉用水是农业生产的一种派生需求，其与直接消耗水资源的做法不同，因此，水资源的定价方法可分为直接定价与间接定价。定价方法包括边际成本法、边际效益法（如影子价格法和剩余法）、平均成本法和补贴法（Dinar，2001）。还有的定价方法为定量方法和非定量方法，定量方法是以灌溉用水使用量的多少来确定水价；非定量方法是以单位产出、单位投入或者单位面积为依据核算灌溉水价的方法，这种方法容易操作、便于管理。已有水价定价方法可以分成3类：①基于生产成本的定价方法，如平均成本法、边际成本法；②基于全成本均衡的定价法，如影子价格法、全成本定价法；③考虑可操作性的定价方法，如我国执行的两部制水价和阶梯水价（周芳等，2014）。夏帆等（2019）在综合考虑供水成本和农民承受能力的基础上，以作物生产水足迹为手段，建立合理的水价计算模型，并根据用水量的大小提出阶梯水价。灌溉水价的计算考虑的因素众多，涉及的利益群体复杂，仅从经济学角度计算灌溉水价，只会顾此失彼，因而需要着眼于社会发展的全局，根据不同地域的地理、自然、历史、文化等方面展开研究，制定科学合理的灌溉水价。

**3）农业水价定价模式研究**

农业灌溉供水作为一种商品，既符合一般商品市场定价的原则，又具有一定的特殊性，在定价模式方面不同于一般商品。美国东部地区灌溉用水普遍采用“服务成本+用户承受能力”的定价模式，而在西部地区多是服务成本定价模式和完全市场定价模式，联邦农业水价采用还本不付利息的模式；加拿大农业灌溉供水全部实行政府补贴的政策性低水价；法国的灌溉用水采取的定价模式为“全成本+用户承受能力”（钟玉秀和刘洪先，2003）。通过对比研究发现，全成本定价对于农户而言往往难以承受。水价定价模式的选择与区域的经济发展水平和水资源禀赋等状况密切相关，其中，服务成本定价模式应用较多，并普遍用于农业灌溉水价的确定。在农业水价制定中必须考虑用水户承受能力对灌溉水价的影响，再加上农业的基础性地位，大多数国家普遍实行惠农政策，在制定政策时对农业用水有所倾斜，国家给予一定的灌溉用水补贴。

市场可以通过价格的变化实现对资源的高效配置（崔海峰，2015），目前学术界普遍认同适宜的水价对促进水资源利用效率的提升有积极作用（雷波和姜文来，2004）。合理的农业水价能够促进农业节水（吴立娟，2015），但农业生产部门的特殊性，决定了在农业水价调整过程中必须坚持政府在改革中的主体地位（崔海峰，2015）。中央政府始终坚持将补偿成本作为农业水价改革的核心原则，但目前各地方政府和灌区农业水价多难反映供水成本，这与当前农业水价形成机制不健全有重要关系（冯广志，2010）。农业水价具有多重目标，既要保障工程良性运转，还需促进农业节水，同时不能增加农民负担，单一的工程水价很难发挥多种功能，要探索财政补助、优惠水价、分类水价、超定额加价、节水奖励和交易水价等多样化的定价方式（戴冠来，2012）。改革中财政补贴等政府行为对于分担农业水费和激励节水有重要作用（崔俊，2016）。在综合考虑各地节水成效、调价幅度和财力状况等情况的基础上，建立农业用水精准补贴和节水奖励机制，能够激励地方政府改革工作的开展和农户农业用水方式的转变（仕玉治等，

2018）。

不同的农业用水定价和政策方案，能够显著影响作物的种植结构（董小菁等，2020）。提高农业水价对促进节水意义重大，但同时也会降低农业收入（刘莹等，2015）。改革面临着维持低水价不利于用水效率提升，提升水价会导致农民增负、农业减产的“两难”状况（李然和田代贵，2016），而对农业水价的合理分担则能够很好地解决这个问题（尹庆民等，2010；姜文来，2012a，b；卢竹生等，2015；崔海峰，2015；冯欣和姜文来，2018）。政府补贴对于分担农业水费和激励节水有重要作用（崔俊，2016），但也不应局限于这一单一形式。

3. 国外农业水价定价方式

研究显示，发展中国家由于经济社会发展水平滞后，农业生产效益偏低，普遍根据农户可承受能力进行农业用水定价（Linda，2009）。发达国家由于社会经济发展水平较高，农业用水多会根据供水成本进行定价，具体包括服务成本、完全市场成本、全成本、投资机会成本和边际成本等几种定价方式，这样能够获得良好经济效益，但部分国家在采用成本定价方式的同时也会考虑农户对农业水价的可承受能力，详见表1-1。

**表1-1　国外农业用水定价方式**

| 国家类型 | 国家 | 定价方式 | 文献 |
|---|---|---|---|
| 发展中国家 | 印度尼西亚、泰国、巴基斯坦 | 农民可承受能力定价 | Linda，2009 |
| | 印度 | 农民可承受能力定价 | Cornish and Perry，2003 |
| 发达国家 | 加拿大 | 农民可承受能力定价 | 张雅君等，2008 |
| | 日本部分 | 农民可承受能力定价 | James and Ogura，2010 |
| | 美国 | 东部：服务成本+用户承受能力定价；西部：服务成本和完全市场定价；部分地区：投资机会成本定价 | Teerink，2000；段治平，2003 |
| | 英国 | 全成本法和完全市场定价 | 张雅君等，2008 |
| | 法国 | 边际成本定价；全成本+农户可承受能力定价 | Latino，2003 |
| | 以色列 | 全成本定价 | 高媛媛等，2012 |
| | 澳大利亚 | 全成本定价 | Parker and Speed，2010 |

Haggard 和 Webb（1996）指出长期的低水价政策，减轻了农民负担，但也导致了农业用水和农业生产效率偏低等问题，需要进行农业水价改革。但对于农业用水提价等农业水价改革政策，国外的学术界仍存在一定争议。部分学者认为在全球水资源紧缺的现状下，可以实行提价、累计加价等农业水价政策，利用经济手段刺激农户自发节水（Hewitt et al.，1995；Vega et al.，2006）。学术界认同利用水市场是水资源高效配置的最佳手段，但是对于水资源的商品化仍存在争议（Paolo et al.，2020）。Berbela 和 Gomez-Limonb（2000）指出：过高的农业水价，会压缩农业生产效益、降低农民生产意愿、威胁粮食安全，不能完全依赖提价等经济手段促进农业节水。

对于提价和农民可承受能力之间的冲突问题，国外学者对定价策略进行了优化，也加强了对于农业水价改革政策的研究。在定价方式上，提出了次优定价和差别定价等策略。Kim（1995）认为，为了保障粮食安全，应放弃最有效的边际生产成本定价方式，采用略低于边际成本的次优农业水价定价政策；Shira 等（2014）则提出了差别定价法，通过对小农户和大户采取不同的定价方式，保障小农利益，同时利用提价激励大户降低农业用水量，达到农业节水的目的。在政策方面，Abuzeid（2001）指出改革要以节约用水、回收供水成本、减轻政府的财政负担，以及改造灌溉基础等内容为目标，农业用水定价要本着提升效率和保证公平的原则，考虑自然、社会、经济、文化，以及当地农业发展水平和农田水利状况等多方面因素，相关政策的制定既要考虑政策的实施成本，也要达到优化水资源配置的目的（Tsur，2005）。调整水价之前，应该加强农田水利工程建设、配套水管体制的改革（Marzieh et al.，2019），提升农田水利供水的服务水平（Postel et al.，1999），才能得到农户配合；组建农户用水管理合作社，鼓励农户参与管理和农业水权交易，提升水资源配置效率，实现群体利益的最大化（Justin and Paul，2018）。

#### 4. 基于可承受能力的水价定价研究

由于农业供水比较效益相对较弱，在制定农业供水工程时要考虑用水户实际的可承受能力。因此，基于用水户可承受能力的水价定价研究非常有必要。

农业用水户作为灌溉用水和灌溉成本的直接承受主体，水价只有在其承受能力范围之内，才能被农业用水户接受。虽然提高水价能显著提高农民节水意识，也能提高用水效率（景金勇等，2015），但在实施的过程中，水价制定过高，超过农民的承受能力，必定会影响农民用水的积极性，不利于农业的发展，甚至还会影响到粮食安全。因此，在制定水价改革相关政策时需要考虑农业用水户的水价承受能力（刘小勇，2016）。

承受能力一般从经济承受能力和心理承受能力两个方面来衡量，目前的农民水价承受能力研究以经济承受能力为主，研究经济承受能力的方法主要有水价承受指数分析法（陈菁等，2008；赵印英等，2014）、灌溉投入成本与农业生产收益分析（聂建中和苗慧英，2003）、扩展线性支出系统（extend linear expenditure system，ELES）模型（陈丹等，2009）等，水价承受指数分析法是从灌溉水费支出与农业净收益、农业生产成本、农业总产值之间的对比关系来分析，后两种方法是对农民的基本需求支出和派生需求支出进行测定，以此来判断农民对灌溉水价是否具有经济承受能力。赵印英等（2014）利用水价承受指数分析法，以粮食作物玉米为代表，运用水费占农业生产成本、水费占农业生产净效益和水费占人均纯收入的比例分别测算不同地区农民对灌溉水价的承受能力。杜俊平和叶得明（2018）以甘肃省民勤县为研究对象，采用ELES模型测算法分析农民农业灌溉水价的经济承受能力，结果发现农民已经超负荷承受。上述分析方法虽然在一定程度上可以测算反映农业用水户对水价的经济承受能力，但是不能完全反映农业用水户对水价的认可程度，即心理承受能力。

心理承受能力的测算通常是采用条件价值评估法（contingent valuation method，CVM）直接向农业用水户询问（王密侠等，2005），使用该方法的前提是假设农民用水户是理性经济人，并且分两个环节进行分析，首先确定农民对灌溉用水的付费态度，然后计算认同付费农民的水价支付意愿。CVM方法能够反映农业用水户对农业水价的支付能力以及农户真实支付的意愿。乔旭宁等（2018）研究发现渭干流域农业灌溉用水的农户支付意愿为48～62元/亩，并且不同流域的农户支付意愿差异显著；唐宏等（2019）对绵阳市丘陵和平原地区农户的灌溉水费承受能力进行分析，发现水价上涨会降低农户的种植积极性，甚至导致农田撂荒，且丘陵区农户对水价变动的敏感程度较平原区更高。此外，农业用水户水价承受能力受诸多因素的影响，如年龄、受教育程度（许朗和刘甜甜，2014；Akter，2007）、家庭收入、耕地面积（Alemayehu，2014）、灌溉方式、地理位置（尹小娟和蔡国英，2016；Aydogdu，2016）、地形地貌（唐宏等，2019）、供水质量和水费收取公平性（张维康等，2014；王建浩等，2018）等。

综上所述，关于农业用水户水价经济承受能力的研究较为普遍，但是对农业用水户心理承受能力的相关研究相对较少，CVM 方法在解决农业灌溉用水支付意愿方面的科学性和有效性已被国内外学者所证实，然而，由于不同规模、不同类型的农业用水户的灌溉用水方式、行为及对灌溉用水的依赖度各异，关于不同类型农业用水户支付意愿差异性与影响因素异质性的综合研究成果显得不足，这种异质性对于制定差异化的农业水资源管理政策尤为重要。

## 1.2.2 农业供水成本分担问题研究

1. 农业水价利益相关者研究

目前对于农业水价（改革）利益相关者的研究并不多，以理论和定性研究为主。研究显示，兼顾各方利益诉求、实现利益相容，才是推动农业水价综合改革的长久之路。

陈菁等（2008）、汪国平（2011）对农业水价和改革利益相关者进行了定义；陈菁等（2008）、冯欣和姜文来（2018）对利益相关者进行了识别；刘建英（2007）、冯欣和姜文来（2018）运用 Mitchell 评分法对利益相关者进行了判定；姜翔程等（2020）对利益相关者进行了分类。探究农业水费的核算、征缴中利益相关者寻租行为（刘建英和吴玉娟，2007），改革中利益相关者角色的变化（陈菁等，2008），利益相关者对改革的支持作用（汪国平，2011），利益相关者对农业水价的分担（冯欣和姜文来，2018），利益群体间的内在关系（姜翔程等，2020），利益相关者的利益诉求和逻辑立场（蔡威熙等，2020）等问题。学者们认为：农业水价综合改革应兼顾各方利益、实现利益相容，改革中存在的利益相容性缺陷，是改革推进的阻力，建议将农业水价改革收益内生化（蔡威熙等，2020）；构建一个利益共同体，可以促进各方合作（陈菁等，2008）；探索农业水价合理分担，吸引各方共同参与改革，分担政府的改革压力（冯欣和姜文来，2018）。

对于农田水利管理利益相关者的研究，多对其利益相关者进行识别和定义，并分析各自的行为特征、利益诉求及冲突所在。相关研究均认为，农田水利管理应在政府主导的基础上，激励农户和其他群体参与管理，这对于提升管理效率有着积极作用。

在对农田水利管理利益相关者的研究中，定义了农业用水利益相关者（周晓平和郑旭荣，2007）、农田水利（张鑫和王家辰，2012）和市场管理（张宁和华楠，2014）利益相关者；研究聚焦于政府部门（刘梅芳，2013）、农户、村委会（张鑫和王家辰，2012）和农民用水协会（李凌，2005；赵文杰等，2016；黄鑫，2018）。分析农田水利管理中利益相关者的互动过程（李凌，2005；黄鑫，2018）、利益关系（张宁和华楠，2014）、利益诉求（周晓平，2007；刘河元和范金星，2015）、利益冲突和博弈行为（周晓平，2007；刘河元和范金星，2015），以及利益群体的行为逻辑（贺雪峰和郭亮，2010）等内容。研究发现：利益相关者互动对农田水利管理体制改革有促进作用，利益相关者研究对提升农田水利工程管理效率和改善管理环境有重要意义（周晓平，2007）。研究学者普遍认为，农田水利工程治理中，政府的宏观调控和协会、农户、村委会的共同参与，对于提升农民合作意愿、降低管理成本（张鑫和王家辰，2012）、保障农户利益、分担政府管理压力（李凌，2005）和提升管理效率（赵文杰等，2016）有重要意义。刘芳梅（2013）提出一方面中央政府要加强对地方的监督、建立利益补偿机制，明确政府在农田水利工程建设和管理中的主体地位；另一方面也要加强农民用水协会建设，鼓励农户参与治理，实现供用水双方的对接（刘梅芳，2013）。

2. 农业供水成本分担研究

农业水价是农业用水户联系农业用水相关部门的经济纽带，关系到政府、供水单位、用水户、农业用水受益者等诸多利益相关者的利益。因此，建立科学合理的水价分担体系，使相关利益主体合理分担相应的成本就显得尤为必要。

一是关于农业水价合理分担的相关理论研究。这方面的研究，国外主要集中在水价合理分担的效率和公平方面。Peter 等（2002）认为，农业水价政策研究的重点在于用水公平性、水资源利用效率和用水的可持续性，提高水价可以促进用水的公平。Vasileiou 等（2014）利用英国东部的调研数据模拟分析农户对包括水价在内的各种干预政策的可能反应，研究发现按量定价法可以在一定程度上控制灌溉用水量并提高用水效率。Medellin 等（2012）研究发现在不同的灌区、针对不同的作物，农户对于不同的农业水价方式的反应不同。Shira 和 Simhon（2006）研究发现差别定价法能够有效降低农业灌溉大户的用水总量。一些发达国家很早就开始实行水资源有偿使用以及供水成本的分担（高媛媛等，2012），如加拿大政府将补贴直接反映在农业水价中，通过补贴的方式来分担农业水价；以色列政府通过投资建设水利工程和分担工程维护费的方式分担水价；美国主要实行成本型水价，存在供水方分担、水权转让等多种水价分担形式；日本政府通过投资建设水利工程建设的方式，降低农业供水成本，实现农业水价分担。国内学者也从多个角度对我国农业水价分担的理论展开研究，姜文来（2012）提出我国具备农业水价合理分担的基础，应该推行农业水价的合理分担机制。

二是关于农业水价合理分担的模式研究。徐璇和毛春梅（2013）从利益相关者角度构建不同的农业水价分担模式及其适用范围。姜文来等（2015）全面总结国内外农业水价的合理分担规模，并指出在理论和方法分析方面存在的不足。邱书钦（2016）结合我国的实际情况，将我国农业水价分担模式归纳为财政全额补贴、财政直接补贴供水管单位、财政直接补贴用水农户三种模式，并在对比分析典型国家相关农业用水分担模式经验的基础上，有针对性地提出我国的农业水价分担模式，并且设计相应的水价分担流程，为我国农业水价综合改革过程中农业供水成本分担模式的选择提供理论参考。

综上所述，农业供水成本分担相关研究主要集中在分担模式方面，并且以理论分析为主，为准确分析农业用水户水价承受能力奠定了理论基础和数据支撑，但是目前仍然缺乏关于分担机制的系统性研究，需要进一步加强对农业水价分担理论与内涵的阐释、农业水价分担规模定量分析以及相关评价方法的应用。

### 1.2.3　农业供水补偿研究进展分析

1. 农业供水补偿合理性综述

水资源作为基础性的自然资源、战略性的经济资源以及生态环境的控制性要素，已经引起全社会的普遍关注（Amprako，2015）。虽然我国水资源总量居世界第六位，但人均水资源占有量仅为世界人均水平的1/4（秦昌波等，2019），水资源短缺问题在新形势下显得尤为突出。在我国，农业作为第一大用水户，农业用水占到全国总用水量的60%以上，部分地区达85%以上（中华人民共和国水利部，2020），被视为最应节水，也是最具节水潜力的领域。农业水资源的高效利用成为保障水安全和粮食安全的根本途径（康绍忠，2014）。为此，在农业生产过程中通过推广节水灌溉技术（王浩等，2018）、优化适水种植结构（王燕云等，2019）、改善农业用水管理模式（张振伟等，2015）以及制定农业水价（胡继连和王秀鹃，2018）等方式来提升农业用水效率。但是，尽管经过多年的节水改造，2020 年我国农田灌溉水有效利用系数达到了 0.565，但仍低于发达国家 0.8 的平均水平（屈晓娟，2018）。造成农业用水方式粗放、农田水利工程运行不可持续的重要原因之一是农业水价不合理。在市场经济条件下，水价作为调节水资源开发利用的重要经济杠杆，对水资源的配置和管理起着重要的导向作用（田贵良，2018）。然而，由于我国农业水价长期与供水成本倒挂，价格杠杆在促进农业节水中的作用未得到有效发挥（李然和田代贵，2016），因此提高水价被认为是提升农业用水效率的重要手段（陈瑶，2017）。而农业节水行为又具有显著的正外部性（赵姜和龚晶，2018），如果这种外部性不能内部化，必然降低相关主体节水的积极性，并且出现“搭便车”的现象。因此，通过建立精准的农业水价补贴机制，运用合理的利益补偿手段将水价的调节作用进行充分发挥显得尤为必要（赵姜等，2016）。农业水价补贴机制是水价改革的重要内容与方向，需要综合分析供水成本、农村经济发展与农民收入等多种因素，在充分考虑农民实际承受能力的基础上实施农业水价改革，通过合理的补偿方案激励利益相关者节水。鉴于农业水价关乎国家、地方政府、供水单位、农业用水户等多方的利益及我国未来水资源安全，理顺农业供水成本分担、农业用水户水价承受能力、农业供水定价机制以及相应的补偿方案之间的关系，是构建农业水价补贴机制、实现农业水价趋于良性发展的核心和关键。

2. 农业供水补偿分类

提高水价的根本目的是要节约用水，促进高效用水。对农户或供水单位来讲，农民节约用水得不到补偿，供水单位收入相应减少，缺乏鼓励农民节水的积极性；从农业与非农业用水的关系来讲，农业节水以后，其他部门也应对其进行补偿（朱杰敏和张玲，2007）。随着农户参与节水灌溉的建设和管理逐渐成为趋势，不少学者开始对如何激励灌区和农民节水积极性展开了相关研究，Seo 等（2008）研究表明投资成本、沉没成本、变动成本较高导致农民采纳节水灌溉技术的意愿不强，提出通过补贴或激励机制提高农民的积极性，并测算了相应的补贴标准。Sisto（2009）通过评估河流生态系统环境需水量及农业水分生产率，在体现效率与公平原则的基础上，测算因水权转让农民应获得的补偿额。Zhou 等

(2009) 通过调查分析水资源分配对作物生产和农民收入的影响及相关节水灌溉补偿现状，发现随着水权转让与灌溉供水的减少，作物产量和农民农业收入相应减少，目前的补偿水平远低于农民减少的收入。现阶段执行的水价政策中，农户灌溉用水价格并不能完全覆盖政府管理、供给灌溉用水的所有成本。因此，政府部门应根据实际情况进行调整，遵循适宜的补偿原则、明确补偿对象、梳理补偿方式、确定补偿标准，设计出符合实际情况的补偿机制。

农业供水成本补偿按照补偿对象不同可分为两种类型：直接补偿供水单位和直接补贴用水户。按照《政府制定价格成本监审办法》规定，经营者获得政府补助或补贴，在成本核算中应冲减成本。供水工程经营者享受政府直接补助后，在制定供水价格时通过冲减成本可确定相对较低的价格，并不超出农民用水户的承受能力。直接补贴用水户是指农业供水执行价格按供水成本定价，用水户通过获得水价补贴以减少其实际缴费金额。两种补偿方式都存在一定弊端，直接补偿供水经营者，容易导致经营者对财政直接补助的依赖性，从而降低对工程运行和管护的积极性和效率；直接补贴用水户可能会影响供水经营者的节水意识、用水户交水费的积极性等。在选择何种补偿方式时，应该综合考虑两种补偿方式的优缺点，在制度设计时尽量避免出现差错。

从近年来国内外相关案例来看，政府对农业供水进行补偿是通行做法，补偿形式包括代缴水费、对成本水价与实际水价差额进行补贴、对工程运行维护费用补助、财政承担骨干工程建设和管护等。从趋势上看，政府补贴力度还有加大的倾向。

### 3. 农业供水补偿方式的研究进展

政府对农业水价补贴是最常见的农业水价分担方式（曹金萍等，2014），也是补偿农业供水成本、解决改革中资金短缺问题的重要途径。农业水价补贴在不增加农民负担的同时，也要克服成本不足造成的农田水利工程供水效率和服务水平偏低的问题；良好的补贴策略，还能促进农民自发节水，保障国家粮食安全和水资源安全（杜丽娟和柳长顺，2008）。农业水价补贴研究中，多强调政府部门的主体地位（崔海峰，2015；李生潜，2015；卢竹生等，2015），但胡继连和崔海峰（2017）也指出当前的补贴策略不利于改革开展和水资源的优化配置，还要对补贴方式、方法进行改革。

我国农业生产低效益和长期执行的农业补贴政策，使农民对水费的经济和心理承担能力都相对偏低。为了更好地保障国家粮食安全和农民权益，农业用水提价的同时应结合政府补贴、节水补偿费等策略（刘渝和李凌卉，2013；杨振亚，2017），补贴标准要根据农民承受能力确定（姜文来，2010；徐璇和毛春梅，2013；冯欣和姜文来，2018）。而补贴的范围既要包括补贴供水成本的政策性亏损（张妮，2015）和供水过程中产生的基本水费（刘渝和李凌卉，2013），同时还应包括农业技术设备（周晓熙和郑旭荣，2007；冯颖，2013）、节水行为（任梅芳，2010）和生态补偿（邢夏洁和袁汝华，2017；杜俊平，2019）等方面。补贴节水设备，能在技术和设备上提高农业用水和生产效率，不仅能促进节水，还能满足农户对省工、省时、省力的诉求（周晓平，2007）。对于节水行为进行补偿，能够激励各方群体自发节水（任梅芳，2012）。补贴对象应从单纯的农户向供用水双方拓展，对于灌区管理单位等供水者来说（张妮，2015），低水价难以体现供水成本和保障权益，导致供水服务水平偏低，而将补贴对象扩展到供水方则有利于实现效益的最大化（刘宏让，2010）。补贴时，应采取水费征收与补贴并举的方式，通过提价激励农户节水，再通过补贴保障农民收益和粮食安全（卢竹生等，2015）。

将补贴直接反映在农业水价中执行低水价的“暗补”方式是低效的（孙梅英等，2011），虽然减轻了农民负担，但不利于水资源的优化配置。实行“明补”的形式更能体现水资源的商品价值，激励农户节水（刘红梅等，2006）。“提价—收费—补贴”方式，从管理的角度上看是一个较好的政策。但若想更好地发挥激励节水效果，应实行与用水量无关的“错位补贴”（胡继连和王秀鹏，2018）。现实中，农户与政府之间存在严重的信息不对称，导致补贴政策的效率低下。应将补贴分为两部分，先对全体用水户进行整体补贴，另外再对补贴后仍利益受损的农户进行额外补贴（周晓熙，2005）。农民用水协会是农民参与用水自治的组织，协会参与能够避免信息不对称造成的分配不合理，补贴环节中要充分利用协会的优势，提升政策效率（陈欢等，2009）。补贴机制建设时，要明确补贴方案、加强资金监管、执行信息公开制度，以保障农民利益、维护社会公平（顾宏等，2015），将农业水费补贴资金纳入粮食风险基金（田贵良等，2014），可以加强对资金的管理并提高利用效率。

### 1.2.4 典型国家和地区农业水价分担研究进展

建立农业水价分担模式是农业水价改革的必然和内在要求，通过对农户进行直接的经济补贴，可以减轻农民负担，同时也避免间接补贴方式下产生“鼓励浪费”的低效现象。适当地提高农业水价，然后再由政府通过直接财政补贴的形式分担农民负担，一方面能够保证价格杠杆对农业用水的供需双方产生节水激励，缓解我国水资源的短缺现状，推进节水农业的发展建设，另一方面还能够减轻现阶段农民的水费负担，保障农民收益（尹庆民等，2010）。

### 1. 国内农业供水补偿有关做法与经验

国内一些重大调水工程和大中型泵站，在承担农业供水服务时，通常采用政府直接补助的方式。例如，黄河上中游一些大型的引黄提灌工程，由于运行成本较高，一般由省级或市级财政补助一部分供水成本，或者执行优惠电价以降低运行成本。

目前在农业水价综合改革推行过程中，普遍实行的是直接补贴农业用水户的方式。这种方式通过水费返还、以奖代补等方式，对节约用水的农户或用水户协会给予一定的资金补贴奖励，以调动群众节水积极性。比较典型的模式有河北衡水市桃城区的“一提一补”模式和湖南长沙市长沙县的“节奖超罚”模式。

**1）河北衡水市桃城区“一提一补”模式**

河北衡水市桃城区根据水源和水资源稀缺程度确定不同水源的用水价格或提价幅度，将提价多收的水费和财政相关奖补资金纳入节水调节基金，按人均或亩均对农户给予水价返还，并进行公示。具体做法为：农业水价由 0.4 元/$m^3$ 提高到0.6 元/$m^3$，将提价多收的0.2 元/$m^3$ 和区水务局补贴的0.1 元/$m^3$ 纳入节水调节基金，由村委会和用水户协会共同委托三人小组负责管理，每年按照节水情况返还给农户。“一提一补”虽然提高了水价，但节水农户反而少缴了水费，调动了群众的节水积极性。

**2）湖南长沙市长沙县桐仁桥水库灌区“节奖超罚”模式**

桐仁桥水库灌区干渠及主要支渠由桐仁桥水库管理所负责管护，农户承担支渠以下农业供水成本。管理所以用水定额为基础，对定额内用水的协会或村组进行奖励，对超定额用水实行累进加价。定额内用水的协会或村组可要求管理所回购或登记后结转下一年使用。管理所回购水权的标准是：节约用水量在50$m^3$/亩以内的0.05 元/$m^3$，节约用水量在50～100$m^3$/亩的0.06 元/$m^3$（以此类推）。超出用水定额部分实行累进加价，递增50$m^3$/亩以内的加收0.01 元/$m^3$，递增50～100$m^3$/亩的加收0.02 元/$m^3$（以此类推）。水费收取后，80%用于协会运行维护，20%用于高价回收节约水量和对协会的奖励，促进了节约用水和工程良性运行。

2. 典型国家农业水价分担有关做法

为了借鉴世界农业水价分担的经验，选择美国、日本、法国、澳大利亚、以色列、印度作为典型国家，对其农业水价分担情况进行剖析，基本概况见表 1-2。

**表 1-2　典型国家基本概况**（2008 年）

| 国家 | 人口/万人 | 人均 GDP/美元 | 降水量/mm | 人均水资源量/$m^3$ | 农业用水比例/% |
|---|---|---|---|---|---|
| 美国 | 30895. 7 | 43555 | 760 | 12000 | 41 |
| 日本 | 12800 | 28700 | 1718 | 3323 | 66 |
| 法国 | 6062. 8 | 33126 | 500 ~ 1200 | 3415 | 11 |
| 澳大利亚 | 2071 | 29761 | 465 | 8596 | 72 |
| 以色列 | 625. 9 | 16987 | 350 | 365 | 62 |
| 印度 | 111950 | 652 | 1500 ~ 2000 | 2228 | 84 |
| 中国 | 132802 | 3000 | 649 | 2200 | 63 |

**1）美国**

美国水资源东多西少，总体人均水资源量丰富。美国西部 17 个州为干旱和半干旱区，年降水量在 500mm 以下，科罗拉多河下游地区不足 90mm，是全美水资源较为紧缺的地区；东部年降水量为 800 ~ 1000mm，属于湿润与半湿润地区。因此，本书对美国农业水价的研究主要集中在美国西部地区。

美国 1902 年颁布的《垦务法》以及 1982 年实施的《垦务改革法案》确定了农业水价制定的总原则：供水单位不以营利为目的，但要保证偿还部分工程投资以及部分工程维护管理、更新改造所需开支。美国农业水费主要用于部分水利设施投资回收、运营维修费用和灌区管理费用。

美国农业水价不包括投资利息，投资还款期限为 40 年。美国制定水价时一般是按单个工程进行核定，供水工程的水价包括三个部分：①蓄水和输水工程投资费用；②蓄水和输水工程最低运行维护费用（固定费用）；③输水工程可变费用。农业水费一般按照灌溉面积或者按照灌溉次数进行收取，用水计量设施比较完善的西部地区按取水量进行收费。

利用地下水或直接从河道引水支付的费用实质是其消耗的能源的费用（电费、柴油费等）。联邦供水工程的灌溉用水水价只要求偿还工程建设费用，不支付利息；州政府的水利工程水价包括全部的运行费、分摊的投资和利息，以及其他费用。灌区水管部门从水利工程购水再卖给灌溉用水户的水费还包括配水系统成本、运行维护费和行政管理费。

根据联邦法律，农民在农业水费方面能够获得的财政补贴有三种：①补偿工程建设的利息，工程建设贷款所产生的利息由联邦政府支付，其实质是政府对水价补贴；②调整农业灌溉工程承担的成本，联邦政府认为灌溉用水承担的工程建设成本过大时，便会将其中一部分的成本转移给工程的其他受益者；③依据农民的承受能力确立偿还额度，联邦政府根据特殊情况取消部分或者全部的成本偿还义务。在美国国会指导下，美国农垦局将灌溉工程的建设成本分摊到农户，同时依据农民的经济支付能力来确定成本的回收时程和比例。

俄勒冈州图拉丁灌溉工程是美国对农业灌溉工程进行补贴的典型案例。该工程建设成本 5870 万美元，于 1976 年向农民提供供水服务，当时分配给灌区的工程成本总额度为 3150 万美元，其中分摊给农民的偿还额度为 590 万美元，占总投资成本的 10%，其余的 2560 万美元由水力发电用户等其他工程受益者分担。联邦政府给灌溉用户的偿还期限为 64 年，并且无利息，考虑时间价值，到期相当于偿还 90 万美元，即联邦政府为此工程提供了 3060 万美元的财政补贴。

**2）日本**

根据日本《土地改良法》（1949 年），土地改良区的职能主要包括三个方面：一是负责管理土地改良设施，尤其是农田水利设施；二是征收包括农业水费在内的各项费用；三是维护其自身的运行。土地改良区这一非营利组织是日本农业生产的组织形式，也是水价的制定机构和水费的征收机构。

日本农业水价成本由水利设施的管理成本、运营和维修成本及投资成本的回收三部分组成，日本对农业用水不征收水资源费，超过 90% 的土地改良区是按灌溉面积收取费用，只有不到 100 个土地改良区按灌溉水量收费。

日本农户主要承担水利设施部分投资成本、运营维修成本以及土地改良区的管理成本，表 1-3 是 1998 ~ 2006 年日本农户的灌溉和排水支出概要情况。

表 1-3　1998～2006 年日本农户灌溉和排水支出概况

| 项目 | | 1998 年 | 1999 年 | 2000 年 | 2001 年 | 2002 年 | 2003 年 | 2004 年 | 2005 年 | 2006 年 |
|---|---|---|---|---|---|---|---|---|---|---|
| 土地改良区和灌溉相关费用/(美元/$hm^2$) | 运营和维修成本 | 248 | 291 | 284 | 246 | 260 | 266 | 263 | 249 | 258 |
| | 资金回收 | 291 | 299 | 278 | 230 | 226 | 213 | 208 | 187 | 173 |
| | 用水户协会收费 | 63 | 73 | 74 | 64 | 59 | 71 | 72 | 66 | 60 |
| | 抽水协会费用 | 10 | 10 | 12 | 10 | 9 | 10 | 9 | 9 | 6 |
| | 其他 | 8 | 10 | 9 | 8 | 13 | 8 | 6 | 5 | 5 |
| 灌溉总支出/(美元/$hm^2$) | | 620 | 683 | 657 | 558 | 567 | 568 | 558 | 516 | 502 |
| 总产出/(美元/$hm^2$) | | 6069 | 6927 | 6870 | 6001 | 6653 | 6653 | 6899 | 6596 | 6348 |
| 灌溉支出占总产出的比例/% | | 10.2 | 9.9 | 9.6 | 9.3 | 8.5 | 8.5 | 8.1 | 7.8 | 7.9 |

日本对农业水价的补贴主要体现在对水利设施的投资方面。对于受益面积达 5000$hm^2$ 的水库或大坝，中央政府的投资可能占工程建设总投资的 70%，此类工程的投资分摊比例为：中央政府占 66.6%、都道府县占 17%、市町村占 6%、农户（由土地改良区征收）占 10.4%。都道府县所负责兴建的水利工程的资金分摊比例为：中央政府占 50%、都道府县占 25%、市町村及农户（由土地改良区征收）占 25%。尽管由都道府县兴建的工程和由市町村兴修的工程在规模和使用用途上存在差异，但是农户对工程建设资金的贡献平均为 3%～25%。

从总体来看，农业水费收入只占土地改良区收入的 24%，财政补贴占总收入的 17%。为了减轻资本回收的压力，中央政府和地方政府提供了一些财政补贴渠道。因此，总体来看日本农业水费负担并不重。

**3）法国**

由于 20 世纪 90 年代干旱，法国农业灌溉面积的不断增大，加上欧洲水框架的影响，法国正逐渐改革水价和融资政策，以实现供水的全成本回收。

法国水费制定标准因流域不同差别很大，这主要取决于流域干旱程度、用水户类型、供水设施的投资成本以及水的来源。法国农业灌溉用水水费采用“全成本+用户承受能力”定价模式。

根据法国水资源、森林及农村事务总局（CGGREF）统计，法国灌溉用水平均水价为 0.115 法郎/$m^3$（不包括环境和资源成本），收取的水费 52% 用于支付供水相关工程的投资建设，38% 用于工程的运营，剩余的 10% 用于维修。

在灌溉供水成本全成本回收的制度下，法国对农业用水的补贴较之美国、日本等国少得多。政府只承担 5.2% 的成本，农户承受总成本的 94.8%，农户的灌溉成本占主要作物种植总成本的 20% 左右。

2008 年法国水资源设施的运营和资本投资成本收回率已超过 95%，但对农业灌溉水利设施提供适当补贴，表 1-4 是法国三个流域资金投入和财政补贴情况。

**表 1-4　法国三个流域的资金投入和财政补贴**（2008 年）

| 流域 | 灌溉工程资金投入/$10^6$ 欧元 | 政府补贴/法郎/$10^6$ 欧元 | 补贴率/% |
|---|---|---|---|
| 罗纳河流域 | 42 | 29.5 | 70.2 |
| 地中海-加隆河流域 | 37.5 | 16.3 | 43.5 |
| 瓜德罗普岛 | 19.2 | 17.2 | 89.6 |

**4）澳大利亚**

1994 年澳大利亚各州签署了《水改革协议》，该协议规定了水价制定的基本原则：以消耗水量为定价基础、全成本回收（理想状态）和减少政府补贴等，鼓励各州对农村供水实现全成本回收。2004 年《国家水法案》又对这一目标提出了具体要求，其中包括对农村蓄水工程及供水工程采取自负盈亏及定价透明的原则，以实现成本的回收等。

澳大利亚供水分为政府控股、政府经营和私营三种形式，它们皆采取全成本核算水价，水价包括管理费、财务费用、资产成本、投资回收、税收、机会成本等。灌溉水价主要根据用户的用水量、作物种类及水质等因素确定，澳大利亚要求在 2010 年实现农业用水的全成本回收，收取的水费只能用于工程维护和运行，实现水费收支平衡。农业水价实行基本费用加计量费用的两部制水价，如昆士兰州的农业用水按额定水量固定费用为 1 ~ 3 美元/1000$m^3$，计量水价为 10 美元/1000$m^3$。

20 世纪 80 年代以来，澳大利亚供水开始向公司化和私有化的方向发展，水价由供水单位制定，政府不加干预，但要在考虑供水单位利益和民众承受能力的基础上制定。灌溉用水水价制定以农户用水量为基础，在考虑水服务的全成本回收及环境外部性的同时，采用用户承受能力定价模式。澳大利亚水费在农业收入中所占比例并不高，如昆士兰州水费占糖料作物种值成本的 8%，只占棉花种植成本的1%。

总体来说澳大利亚斗渠以上灌溉工程均由政府投资兴建，并成立专门的机构来管理，农场内部设施由农场主自己负责。收取的水费只够渠系输水工程运行维护费的70%，剩余30%由政府补贴。农民兴建节水灌溉工程可向政府专门机构申请比普通商业贷款利率低7个百分点的优惠贷款。另外州政府还采用各种措施，鼓励农业用水更新用水技术和设备，如政府通过关税补贴更多地转移给农民，以提高农业投资节水灌溉设备的能力，促进灌溉技术向更高层次的发展。

**5）以色列**

1959年以色列颁布实施了《水法》，在该法中确立了水价制度，并规定灌溉支出在国家财政中的比例。为了缩小不同地区间水费的差别，以色列设立了补偿基金。《水法》还规定了用水奖惩制度，对配额以内的水费使用较低的费率，高于配额的水费按阶梯的原则征收较高的费率（有的甚至高出基数的3倍）。

以色列对于农业用水采取累进收费制度，50%以内配额用水水价为0.1美元/$m^3$，其余为0.14美元/$m^3$，超过配额用水的前10%，水价为0.26美元/$m^3$，其余超额用水为0.5美元/$m^3$。作物平均配额用水为3000~7000$m^3$/$hm^2$，合水费为360~840美元/$hm^2$，如果实现利润，此水费背景下棉花单产最少要达到4.5t/$hm^2$，柑橘单产要达到5.0t/$hm^2$，实现此目标难度很大。因此，以色列农业结构主要生产蔬菜和鲜花，而且采用节水的设施农业生产方式。温室用水约为5000$m^3$/$hm^2$，水费600美元/$hm^2$左右，毛收入则达到45000美元/$hm^2$，水费只占毛收入的1.33%。

以色列国家供水工程投资全部由国家承担，供水系统的运行维护费用由用水户和政府共同承担，用水户承担70%，政府承担30%。国家负责建设和管理骨干水源和供水管网，把灌溉用水送到基布兹或莫沙夫（以色列的农业生产组织）的地边上。农场内部节水灌溉设施的建设全部由农场主自己负责，经费有困难时，可以向政府申请补助，银行还可提供长期低息贷款，由政府给予担保。当国家水管理单位收取的水费不够运行开支时，每年做出预算经审核批准后由政府给予补贴。

**6）印度**

印度与中国同属发展中国家，因此印度的经验对我们更有借鉴意义。

印度《国家水政策》规定，征收农业水费的目的是回收水利设施的运营和维修成本，以及回收一定比例的工程投资成本，因此，农业用水成本构成包含两部分，即水利设施的运营维修成本和部分水利设施的投资回收成本。

为了鼓励农业发展，实现粮食的自给自足，印度政府通过多种途径对农业灌溉用水水费进行补贴。一是对灌溉水利工程的投资进行补贴，补贴的比例因工程而异；二是对大型工程运营和维修成本进行补贴，有的高达年费用的80%；三是对于农户自己抽水进行灌溉的地区，政府对柴油、灌溉用电等进行补贴，对生活在贫困线以下的农户可免费使用灌溉用电；四是印度政府还鼓励银行以优惠利率为水利工程提供贷款。

印度农业水费以作物面积、作物种类为基础进行收取，由于计量设施的不完善，农业水费的征收大多以作物种类粗略估算灌溉水量。表1-5给出了印度部分邦分作物农业水费情况。

**表1-5　印度部分邦分作物农业水费情况**

| 邦名 | 水稻 | | 小麦 | | 甘蔗 | |
|---|---|---|---|---|---|---|
| | 卢比/$hm^2$ | 美分/$m^3$ | 卢比/$hm^2$ | 美分/$m^3$ | 卢比/$hm^2$ | 美分/$m^3$ |
| 比哈尔邦 | 175 | 0.16 | 150 | 0.07 | 370 | 0.05 |
| 古吉拉特邦 | 125 | 0.11 | 110 | 0.05 | 830 | 0.12 |
| 哈里亚纳邦 | 113 | 0.10 | 91 | 0.04 | 148 | 0.02 |
| 卡纳塔克邦 | 86 | 0.08 | 54 | 0.03 | 370 | 0.05 |
| 中央邦 | 197 | 0.18 | 247 | 0.12 | 742 | 0.11 |
| 马哈拉斯特拉邦 | 320 | 0.28 | 320 | 0.16 | 4230 | 0.63 |
| 奥里萨邦 | 100 | 0.09 | 85 | 0.04 | 250 | 0.04 |
| 拉贾斯坦邦 | 99 | 0.09 | 74 | 0.04 | 143 | 0.02 |
| 泰米尔纳德邦 | 37 | 0.03 | — | — | 49 | 0.01 |
| 北方邦 | 287 | 0.26 | 287 | 0.14 | 474 | 0.07 |
| 西孟加拉邦 | 37 | 0.03 | 49 | 0.02 | 370 | 0.05 |

表1-5将每公顷耕地水费折算成每立方米水量的价格。印度水价为0.02～0.63美分/$m^3$，单方水的产出为10～20美分（Molden et al.，1998），水费只占产出的0.2%～3.15%。由于水费所占比例较小，水费征收对灌溉水量的影响不大。

为了减轻农民负担，促进农业的稳步发展，印度通过法律的形式规定水费不得超过农民净收入的 50%。

哈里亚纳邦位于印度的西北部，水费的多少根据作物种类及耕地面积确定，使用地下水政府不收取任何费用，但农民需要自己支付打井及抽水时用电等费用。基本能够回收水利设施的运营和维修成本，农业用水部门和非农业用水部门对成本的承担比例分别为 33% 和 67%。哈里亚纳邦的灌溉用水户每公顷耕地需要缴纳的水利设施运营和维修成本大约为 2.5 美元（约为 0.05 美分/$m^3$），灌溉用水成本仅占农民收入的 0.51%。表 1-6 是哈里亚纳邦不同作物水费占农民收入情况。

**表 1-6　哈里亚纳邦不同作物水费占农民收入情况**

| 作物 | 农民收入/美元 | 成本/美元 | | | 水费占农民收入比例/% |
|---|---|---|---|---|---|
| | | 其他投入 | 劳动力 | 水费 | |
| 水稻 | 270 | 55 | 71 | 2 | 0.74 |
| 小麦 | 899 | 165 | 82 | 4 | 0.44 |
| 棉花 | 263 | 56 | 23 | 1 | 0.38 |
| 甘蔗 | 162 | 43 | 20 | 1 | 0.62 |
| 芥菜 | 295 | 10 | 21 | 1 | 0.34 |
| 平均 | 377.8 | 65.8 | 43.4 | 1.8 | 0.5 |

对于利用地下水灌溉的地区，农户农业水费增加到 0.5 美分/$m^3$，其主要原因是没有水井的农户需要从水井所有者手中购买灌溉水，交易费用稍高，总体来看，利用地下水的农户水费支出占总收入的 5%~10%。

# 1.3　研究目标与总体思路

## 1.3.1　总体目标

以促进和完善农业水价综合改革为核心，以维护和增强农业用水户的根本利益、促进地方农业节水发展以及改善地区水生态环境为目标，以理论界定农业用水行为对农业水价变动的反应机制为出发点，在借鉴国际农业水价改革的相关经验做法的基础上，从农业水价综合改革关键措施在典型地区的制定实施和对利益相关方的影响两个角度研究分析当前我国农业水价综合改革政策的效率和影响，为进一步完善我国农业水价综合改革提供理论基础和决策支持。

### 1.3.2 具体目标

（1）深入分析农业用水行为对农业水价改革的反应机制，从理论和实证两个角度回答农业水价改革与农业节水之间的内在联系，分析灌区和农户两个层次在面对不同程度水价时的用水行为，界定水价变动与灌溉用水量之间的内在关系，构建农业用水对农业水价改革的反应机制，明确水价变动对农业节水的促进作用。

（2）分析当前我国农业灌溉及农业水价改革中存在的问题，以及典型灌区在解决问题中的探索和实践，并从中分析和总结未来我国农业水价改革的目标和方向。

（3）就“农业水权制度、创新终端用水管理方式、农业用水总量控制和定额管理、与农业部门联合制定农业用水精准补贴标准、农业用水工程配套建设与管理、水利工程产权界定、农业初始水权分配”等农业水价改革核心任务，选择典型灌区或区域，探索提出针对性强、特色鲜明的水价改革新模式，并通过在改革任务区进行示范推广、总结提炼，形成“可学、可看、可推广”的农业水价综合改革模式。

（4）明确发展农业节水必须深化农业水价改革，提出合理的农业水价改革政策建议和保障措施。

### 1.3.3 技术路线

具体技术路线图如图 1-1 所示。

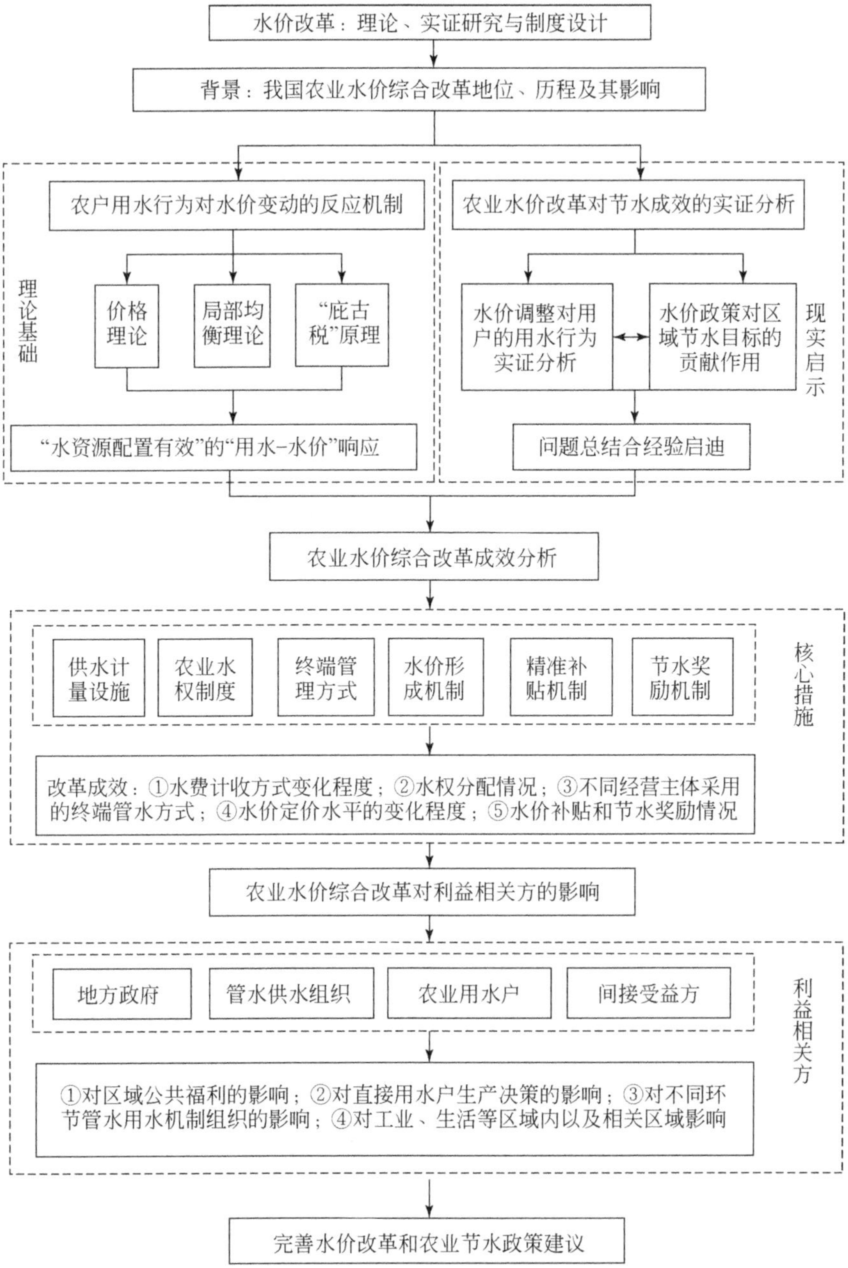
水价改革：理论、实证研究与制度设计
背景：我国农业水价综合改革地位、历程及其影响
农户用水行为对水价变动的反应机制
农业水价改革对节水成效的实证分析
理论基础
价格理论
局部均衡理论
“庇古税”原理
水价调整对用户的用水行为实证分析
水价政策对区域节水目标的贡献作用
现实启示
“水资源配置有效”的“用水-水价”响应
问题总结合经验启迪
农业水价综合改革成效分析
供水计量设施
农业水权制度
终端管理方式
水价形成机制
精准补贴机制
节水奖励机制
核心措施
改革成效：①水费计收方式变化程度；②水权分配情况；③不同经营主体采用的终端管水方式；④水价定价水平的变化程度；⑤水价补贴和节水奖励情况
农业水价综合改革对利益相关方的影响
地方政府
管水供水组织
农业用水户
间接受益方
利益相关方
①对区域公共福利的影响；②对直接用水户生产决策的影响；③对不同环节管水用水机制组织的影响；④对工业、生活等区域内以及相关区域影响
完善水价改革和农业节水政策建议

图 1-1　技术路线图

## 1.4 主要研究内容

### 1.4.1 农业用水行为对农业水价变动反应机制研究

以区域节水为目标，针对农业灌溉的强公益性和弱收益性，将西方经济学“局部均衡”理论和“庇古税”原理引入水价变动与农户灌溉行为关系分析，研究建立农业用水行为对灌溉水价变动的反应机制，理论分析市场机制下农业水价变动对农户用水行为的影响。

### 1.4.2 农业水价调整及节水效果实证研究

基于价格交叉替代弹性非零假设条件，构建基于个体农户的农业水价变动分析双对数模型，实证分析农业水价调整对农户灌溉决策行为的影响；利用价格需求弹性，从时空双尺度分析农业水价调整对区域节水效应的波动趋势，研究确定水价调整对节水效应的边界条件。

### 1.4.3 基于利益相关的农业供水分担机制

针对农业灌溉涉及的供给方、需求方、公共利益代表，以及间接受益方等利益相关者，从区域社会福利最大化的角度，分析“需求-供给”均衡定价理论对灌溉供水定价机制的局限性，研究分析利益相关者各方的分担范围、分担比例，以及精准水价补贴和节水奖励机制。

### 1.4.4 农业水价综合改革主要措施成效分析

国家对农业水价综合改革制度设计主要有三个核心措施：完善供水计量设施，解决灌溉供水计量问题；建立健全水价形成机制，使价格水平能够反映水资源的稀缺程度和农业用水的生态环境成本；建立精准补贴和节水奖励机制。

按照水资源稀缺程度、不同灌溉方式、多种基层用水管理组织等原则，选择典型地区，调研其在农业水价综合改革过程中的主要做法、成效及存在的问题：①分析典型地区水费计量、水权分配、新型农业组织参与灌溉管理等方面的做法、成效及问题；②分析典型地区水价改革前后的农业水价定价水平变化情况、探索分类水价、分档水价改革情况；③分析典型地区精准补贴机制、节水奖励机制的做法和存在的问题。

### 1.4.5 基于价格激励机制的农业水价改革新模式

系统分析南方丰水地区农业水价改革和推行节水措施的阻碍因素，结合改革示范，提出基于价格激励机制的农业水价改革新模式，通过分档定价机制约束，研究工程运行维护、节水奖励和推广节水灌溉行为“三赢”的解决方案。

# 第 2 章　农户灌溉决策行为理论分析

从西方经济学中价格-需求理论和环境经济学中的“庇古税”原理来分析农户灌溉决策行为对农业水价改革的理论反应机制，解释证明农业水价改革如何影响农户灌溉决策行为，并从灌溉行为外部性内部化的视角解释建立农业供水补偿机制的合理性和必要性。

## 2.1　农户灌溉决策行为分析

农户作为一个理性的生产单位，其从事生产的目的是追求效益最大化。在市场经济条件下，就是寻求经济效益最大化。灌溉用水作为一种基本的农业生产要素投入，和耕地、化肥、种子、劳动力以及机耕等其他要素相同，都是作为农业生产的成本投入。尤其在水价的作用下，农户灌溉时必然要考虑其投入的经济性。而影响农户灌溉决策行为的因素主要可以分为两类：一类是农作物生理因素，即作物需水量（crop water requirement）；另一类是社会经济因素。作物需水量系指在适宜的土壤水分和肥力水平下，经过正常发育，获得高产时的植株蒸腾、棵间蒸发及构成植株体的水量之和。作物需水量的大小与气象条件（辐射、温度、日照、湿度、风速），土壤水分状况，作物种类及其生长发育阶段，农业技术措施及灌溉排水措施等有关。社会经济因素主要是指当地灌溉用水价格、灌溉水工程措施、灌溉管理水平等因素，此外还包括农户的灌溉习惯、农产品的价格和其他投入品要素等。

作物需水量主要来源于天然降水和灌溉两个途径，它们之间的关系可用下式来表示：

$$ET = EP + EI \tag{2-1}$$

式中，ET 为作物需水量；EP 为有效降水量；EI 为有效灌溉水量。

农户根据多年的生产习惯和当地当年的降水条件可以大致判断某种作物在当年作物生长季节中的灌溉时间和大致灌溉水量，不同作物的需水量是农户进行灌溉的重要参考因素。

然而实际上，农户在进行灌溉时，灌溉水量的大小还受到灌溉水价、渠系状况、农产品价格等因素的影响。实际灌溉水量 $I$ 与有效灌溉水量 EI 之间的关系可以用下式表示：

$$\eta=\frac{\mathrm{EI}}{I}=\frac{\mathrm{EI}}{\mathrm{EI}+\mathrm{LI}} \tag{2-2}$$

式中，$\eta$ 为灌溉水利用效率；EI、LI、$I$ 分别为农业生产中实际有效利用的灌溉水量、无效灌水量和总灌溉水量。农户的总灌溉水量 $I$ 除了由有效灌溉水量 EI 决定外，还由当地灌溉条件、灌溉水价，以及农户的灌溉习惯等社会、经济因素决定，并且这些因素对农户的灌溉决策行为起着决定性的作用。如果农户的农业生产不能盈利，甚至赔本的话，农户将放弃生产行为，或者说仅生产基本生活所需的粮食。

## 2.2 农户灌溉决策行为对农业水价变动的反应机制模型

农户灌溉行为对水价变动的反应机制可以用灌溉用水的价格反需求函数模型来反映：

$$P=A+F(Q) \tag{2-3}$$

式中，$P$ 为灌溉水价；$Q$ 为农户生产的灌溉需水量；$A$ 为除灌溉水价外，其他影响灌溉需水量的因素。该模型作为农户灌溉决策模型，有一个基本假设，就是农户的生产目标为效益最大化。换言之，也就是说现有的生产水平条件下，寻求产量最大化；或者既定产量条件下寻求投入最少，寻求既定产量目标下最小灌溉需水量就是农户的灌溉决策依据。而在外生变量不变的条件下，区域内不同灌溉水平条件下满足生产目标所需的最小灌溉需水量是一定的。这里的外生变量包括灌区输配水系统的工程质量、灌溉管理水平等。

根据式（2-3），灌溉水价变动对农户灌溉决策行为的影响可以用图 2-1 来表示。图中，$D_1$ 和 $D_2$ 分别代表常规灌溉和节水灌溉条件下农户面临的灌溉需水的价格需求曲线，因为节水灌溉需要渠系衬砌状况、灌溉管理水平以及其他节水措施的投入，因此其曲线位于 $D_1$ 之上。由于灌溉需水的价格弹性为负，需求曲线是向内凹。一开始，在常规灌溉条件 $D_1$ 下，农户的灌溉用水面临的是低水价

$P_1$，农户感受不到价格的压力，灌溉水量为 $Q_1$。则点 $A(Q_1, P_1)$ 是农户最初的灌溉决策点。此后，随着价格的上调，农户在价格作用下不断减少灌溉水量，直至达到该作物常规灌溉下的最小灌溉水量 $Q_1^*$。对应的价格为 $P_1^*$。点 $B(Q_1^*, P_1^*)$ 也就是农业水价调整后，农户最佳灌溉决策点，也是在现有灌溉水平下农业水价改革的目标点。农户灌溉决策点从 $A$ 到 $B$，其支出的灌溉成本由矩形 $OQ_1P_1A$ 变为矩形 $OQ_1^*P_1^*B$，农户得到最大的生产者剩余 $ABE$。由于 $Q_1^*$ 是现有条件下作物最小的灌溉需水量，到达 $B$ 点后，灌溉水价不能再增高。因为，如果价格继续增加，农户为了保证生产需要，只能沿着 $B$ 点垂直向上，由于灌溉成本增加，消费者剩余开始降低，农户的生产利润也开始减少。此时，农户要么为了保证生产需要，支付高额灌溉成本；要么为了节省开支，减少灌溉水量，进而影响作物产量。这两种选择都会对农民的收入带来影响，政策开始失灵。

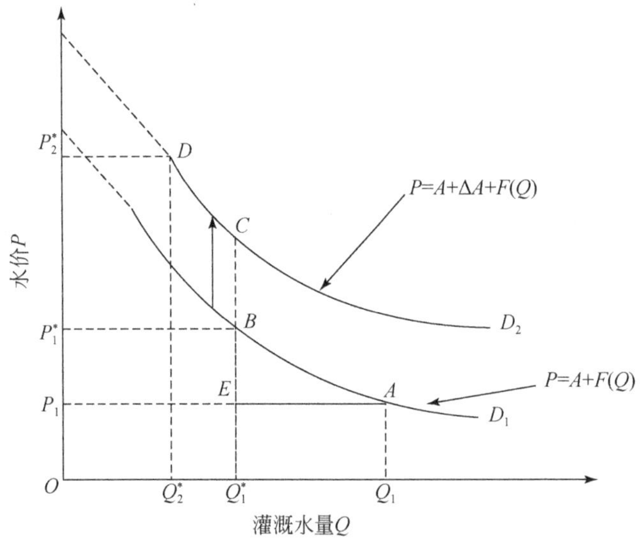


图 2-1　灌溉水量对灌溉水价变动曲线

如果公共政策的目标是进一步减少灌溉水量，此时只依靠水价调整是不够的。必须调整外生变量，提高灌溉水的利用效率，以减少总灌溉需水量。而通常的决策行为就是主要采用节水措施，改善灌区渠系输配水效率和农田水利用效率。而外生变量的改变，反映到灌溉水需求曲线上则表示为整条曲线位置的移动，由 $D_1$ 移到 $D_2$（图 2-1）。灌溉水平的提高导致需求曲线的变动，使得农户可以将灌溉决策点由 $B$ 点移动到 $D$ 点，这个移动过程能够保证农户实现节约用水和获取既定农业产量的双重目标。点 $D(Q_2^*, P_2^*)$ 是农户面临新的灌溉条件下的灌溉决策点。

实际上，农户的灌溉决策点由 $A$ 点向 $B$ 点，再向 $D$ 点变动的过程，即是一个农户灌溉决策行为随农业水价变动的发展轨迹，同时也是水价变动迫使农户自觉采取节水灌溉方式的变化过程，这种历程大致可以划分为三个阶段，即免费或低价阶段；价格调整促进农户自觉意识到节约用水阶段；价格调整促进农户由一般节水措施向综合节水措施发展阶段。

第一阶段，免费或低价阶段，也就是农户面临 $D_1$ 曲线 $A$ 点以前的阶段。在这一阶段，基本上实行无偿供水或低价供水。由于缺乏水价的约束作用，农户使用灌溉用水很少考虑到灌溉成本问题，致使这一阶段灌溉水浪费问题比较严重。

第二阶段，价格调整促进农户自觉意识到节约用水阶段。由于认识到低价政策对灌溉水的浪费行为的助长以及水短缺等问题的出现，灌溉用水管理开始注重价格的杠杆作用，水价的上调迫使农户不得不考虑灌溉水的成本问题。因此，为了获得最大化的经济效益，在不影响农业产量的条件下，农户开始减少灌溉水量。随着灌溉水价的持续调整，农户的灌溉用水量也持续降低，直至降到现有灌溉条件下最低的灌溉水量 $Q_1^*$。

第三阶段，价格调整促进农户由一般节水措施向综合节水措施发展阶段。随着灌溉水短缺问题持续加重，有必要改变现有的用水效率，通过提高渠系工程状况来减少输水损失，保证农业生产获得基本灌溉水量。此外，由于进一步提高灌溉水价，农户为了保证农业生产，不得不采用农业节水生产方式，引进膜下滴灌等农业节水技术，减少田间灌溉水量。通过政府和农民的共同作用，促进农业节水全面实现。

## 2.3 灌溉行为外部性及其内部化探讨

### 2.3.1 灌溉行为改变的公益性和农户生产的经济性

对于国家或区域来说，坚持节水优先，采用节水措施提高灌溉用水效率，提高农业水资源利用效率实现农业用水的集约节约高效是区域的公共目标。农业水价改革的根本目的是希望通过灌溉用水的有偿使用方式，利用价格的杠杆作用促进农民采用农业节水生产方式，从而实现“在现有生产方式下，用最小的资源实现既定的产量”。而对于农民来说，从事农业生产，其追求的则是利润最大化。在2.2.2节中，我们已经知道，在条件不变情况下，利用农业水价调整，可以很好地实现农户灌溉决策点由 $A$ 到 $B$ 点。并且，此时农户的生产者剩余 $ABE$ 达到最大化，这也是农业水价改革第二阶段所需要完成的任务。

但是，如果要实现第三阶段的任务，就不是单纯靠提高价格能实现的，必须变动整个需求曲线。而需求曲线的变动主要是由于外生变量的变化引起的。也就是说，必须通过改变现有的灌溉水平，提高灌溉渠系利用效率和灌溉水田间利用效率。而要实现这些目标，就必须开展一定程度的节水改造，利用工程、农艺、生物及管理等方面的措施，改进整处灌区系统的灌溉水利用方式，即全面推进农业节水向更高层次发展。要想实现这一目标，意味着更多的技术和资金的投入。对于农户而言，农业生产的经济目标是获得一定的产量，也是农民从事生产的直接动力。而对于社会而言，推行农业节水生产方式除了要确保农业综合生产能力稳中有增之外，更重要的是克服水资源短缺等问题给农业乃至整个国民经济带来的制约。农业节水生产方式因其节水、高效等优点而成为我国农业发展的必然趋势，但与传统农业相比，实现农业节水需要支付额外的农业节水技术成本，以及为了保障农业节水推广顺利实现而付出的其他相关软成本。因此，农户生产的经济目标与农业节水的社会目标必然会产生冲突，要想将农户的灌溉水需求曲线由 $D_1$ 变为 $D_2$，必须依靠一定的干预措施来消除社会目标和个人经济目标之间的冲突。

## 2.3.2 灌溉行为的外部性

从2.3.1节的分析可知，农户一般是不会主动采取农业节水生产方式的，推行农业节水生产方式的目的不在于经济效益而在于综合效益。

图2-2代表一个农户在面对区域性农业资源竞争市场条件下的农业生产行为。$D$=MR 是其面对的市场需求曲线和边际收益曲线，MC 为不考虑非经济效益时面对的边际成本曲线。农户在生产过程中为了追求利润最大化，往往会放弃非经济效益。这种现象实际上表明农业节水生产方式具有明显的外部性。农户在农业生产过程中有可能产生的社会总效益所面临的社会边际成本高于私人边际成

本，从而社会边际成本曲线位于私人边际成本曲线之上，由 MC+ME 表示。社会边际成本曲线 MC+ME 与私人边际成本曲线之间的垂直距离 ME，即为外部不经济，其值等于农户每增加一单位生产所引起的社会成本的增加。农户生产获得最大利润的基本条件是 MC=MR。在不考虑非经济的时候，图 2-2 中 $X^*$ 即为农户获得最大经济效益时的产量，此时农户获得利润为曲线 MC、直线 $D$=MR 以及纵轴 $P$ 围成的面积。社会由于农户的行为而损失的非经济效益为曲线 MC、MC+ME、直线 $D$=MR 以及纵轴 $P$ 围成的面积。具体到农业节水生产过程中的农业资源利用，如果没有外部干预性措施，农户为了追求更高的经济效益，是不会对其生产方式进行主动投入的，从而农业节水的发展也会遇到阻力。

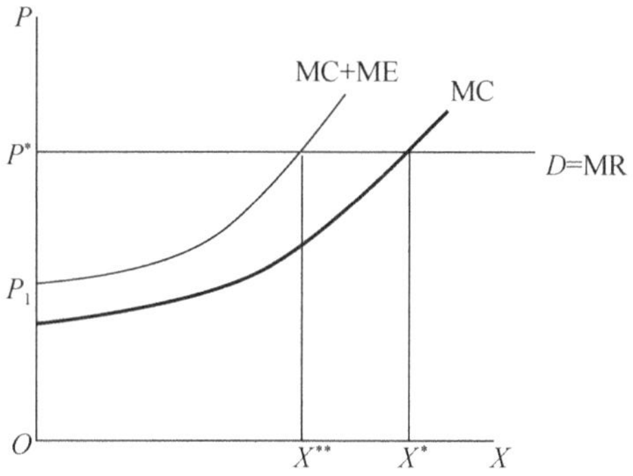


图 2-2　农业节水外部效应分析

具体到灌溉用水构成，2.1 节中阐述了农户实际用于田间的灌溉用水并不等于渠首端的引水量。对于农户而言，灌溉过程中无效损失的灌溉水量需要通过地下渗漏、地表回流和蒸腾蒸发等方式参与小区域水循环过程，这个过程不仅对于维持本地水生态系统的稳定性有必要，同时部分回流或渗漏的水量还会被重复利用，从更大尺度上提高灌溉用水的综合利用效率。这个过程就是单个农户灌溉行为正外部性的直接体现。

## 2.3.3 “庇古税”与农业节水外部效应内部化

“庇古税”是英国福利经济学家庇古所提出的，后来被广泛应用到环境经济学中，用来解决企业污染外部效应内部化的问题。还是用图 2-2 来表示，只是此时的横坐标表示排污量，如果企业所导致环境污染是具有负的外部性的，若用费

用来处理这种外部性，我们不妨叫它环境成本（ME），那么企业的边际成本 MC 与社会成本 SC 之间的关系为

$$SC=ME+MC \tag{2-4}$$

如果不对企业的排污行为进行限制的话，企业的生产将按 MC 在 $X^{*}$ 点进行生产。如果社会允许的排污总目标是 $X^{**}$ 的话，则此时企业的排污行为外部性就是 ME。社会为了实现其环境目标，就会对企业进行生产限制。对企业征收排污税就是最直接的方式，而这个排污费就是所谓的“庇古税”。如图 2-2 所示，为了使企业的排污标准降低到 $X^{**}$，可以对企业征收 ME 的“庇古税”，使企业的生产决策线由 MC 移到 ME+MC 实现所谓的外部效应内部化。

农业灌溉行为的外部性与环境污染外部性正好相反。因为农业节水的外部性属于正外部性，其大小也是 ME。此时，社会为了实现农业节水的社会目标 $X^{**}$，必然希望农户的生产行为由 MC 转移到 MC+ME。为了实现农业灌溉行为外部效应最大化，也有必要引进“庇古税”。但此时不是社会向农户征税，而是农户向社会征税（社会补偿）。换句话说，就是政府（或社会公众）有必要对农户的农业节水社会成本 ME 进行补贴，使其能够按照社会目标的生产方式进行生产，从而实现农业节水。

# 第 3 章 我国农业水价改革发展历程

## 3.1 我国农业水价改革

### 3.1.1 改革历程

纵观中华人民共和国成立以来水费及水价制度实施的发展过程，大致经历了 4 个阶段。

1. 无偿供水阶段（1949～1964 年）

在此时期内，我国水利工作的重点集中在工程建设方面，兴建了大批水利工程，水利管理单位的经费和工程维修费基本上靠国家拨付的水利事业费解决。但有的地方也征收少量水费，或征收部分水利粮，或由群众负担一定的维修工程用工。基本上实行无偿供水。

2. 低标准收费阶段（1964～1979 年）

1964 年，水利电力部在江西召开了全国首次水利管理会议，制定了《水库工程水费征收、使用和管理试行办法》，从而结束了水利工程的无偿供水状况，开始逐步推行供水水费制度。此试行办法规定："凡是发挥兴利效益的水利工程，其管理维护、建筑物设备更新等费用，由水利管理单位向受益单位征收水费，水费标准应当按照自给自足、适当积累的原则，并参照受益单位的受益情况和群众的经济力量合理确定。"但当时水价的规定没有考虑供水成本，水价过低，不符合商品定价原则，除水费标准很低外，自给自足也只是低标准的，加之有些地区群众经济力量差，水费收缴很困难，有的地区虽然计收了一部分水费，但因标准过低，不能满足水利工程管理单位正常运行、管理和维修的需要。

3. 部分成本收费阶段（1979～2006 年）

1979 年水利电力部、财政部和国家水产总局在广东省东莞县联合召开了全国水库养鱼与综合经营经验交流会，会上针对如何加强我国现有水利工程的经营管理，提高经济效益，进行了充分的讨论。水费征收及管理等各项工作开始逐步走上正轨。1982 年中央一号文件指出：“城乡工农业用水应重新核订收费制度”。1985 年 7 月国发〔1985〕94 号文颁布了《水利工程水费核订、计收和管理办法》，明确指出要在供水成本基础上核算水费标准。文件的颁布使我国的水利工程供水从不收费和低标准收费，进入有偿供水、核算成本、按量收费的新阶段。1994 年 12 月水利部以“水政资〔1994〕553 号文”向国务院报送《关于报送，〈水利工程供水价格管理办法〉（送审稿）的报告》。1997 年颁布的《水利产业政策》中关于水价等的有关规定，标志着我国的水价的制定和实施正逐步向正常化、合理化方向改进。

4. 农业水价综合改革由试点向全面推进阶段（2006 年至今）

**1）初始阶段（2006～2013 年）**

2006 年，国家发改委、水利部下发了《关于加强农业末级渠系水价管理的通知》，参照国有水利工程水价，在明晰产权、清产核资、控制人员、约束成本的基础上，以“多予、少取、放活”为方针，保障农民利益为基本要求，补偿农业末级渠系运行和维修养护费用，进行农业末级渠系水价核定，为农业水价综合改革工作奠定了基础。

2007 年，水利部选择了 8 个省（自治区）的 14 处灌区的部分末级渠系作为首批试点项目区，开展了综合改革第一轮试点，在此后 7 年时间内（2006～2013 年），不断扩大试点范围，改进试点工作，累计在全国在 27 个省（自治区、直辖市）的 150 多个县开展农业水价综合改革示范区建设，为农业水价综合改革及试点工作打下良好的开端。

2008 年，水利部将农业水价综合改革的试点范围扩大到 14 个粮食主产区和 4 个主要产粮省。财政部从中央财政农田水利建设补助专项资金中，安排部分资金支持开展农业水价综合改革。

2010 年，试点地区积极推进农业水价综合改革，探索两部制水价、超定额累进加价等水价形成新机制。水利部在小农水重点县建设项目中列出 20 个县作为“农业水价改革示范县”推进探索水价综合改革工作。

2011 年，试点范围进一步扩大，中央财政安排专项资金支持在 10 个省（自治区、直辖市）的 25 个小型农田水利建设重点县中开展农业水价综合改革示范区建设。

2012 年，试点工作进一步扩大，在 12 个省（自治区、直辖市）中选择全国小农水重点县建设项目中的 32 个县进行农业水价综合改革试点，积极推进分区分类改革。

2013 年，水利部协调财政部加大支持力度，再次扩大试点范围，选择 55 个县深入开展农业水价综合改革示范，建设示范区面积 350 多万亩，取得了显著成绩。

**2）深入试点阶段（2014～2015 年）**

2014 年，习近平总书记及李克强总理接连就农业水价综合改革做出明确指示，汪洋副总理多次召开有关会议，明确要求国家发改委、财政部、水利部、农业部四部委在过去试点的基础上进一步展开试点工作。在党中央的密切关注下，四部委联合开展水价综合改革试点工作，制定相关政策文件，农业水价综合改革试点工作迈进了新的篇章，在 27 个省（自治区、直辖市）共 80 个试点县中开展农业水价综合试点项目。

2015 年，通过采取管理创新、价格调整、财政奖补、工程配套等综合措施统筹推进农业水价综合试点改革，完成了 27 省（自治区、直辖市）共 80 个县的试点任务，建成试点区面积 202 万亩。

**3）全面推进阶段（2016 年至今）**

2016 年 1 月国务院办公厅印发《国务院办公厅关于推进农业水价综合改革的意见》，明确要求“各地区要进一步提高认识，把农业水价综合改革作为改革重点任务，积极推进落实”，并确定了改革的总体思路、主要任务及保障措施；同时，四部委联合出台两个通知指导农业水价综合改革工作有序推进。全国共 275 个县开展农业水价综合改革，实施灌溉面积 2200 万亩。2017 年中央一号文件正式、明确地提出“全面推进农业水价综合改革”，国家发改委、财政部、水利部、农业部、国土资源部五部委联合发文《关于扎实推进农业水价综合改革的通知》，至此，全国农业水价综合改革工作进入全面推进的新阶段。

### 3.1.2 水价改革面临的困境

1. 试点样板到全面推广的跨越是一项难题

有关农业水价改革试点工作，从2008年启动农业水价综合改革示范项目建设到2014年四部委联合在27个省（自治区、直辖市）共80个试点县开展农业水价综合改革试点，一路走来，形成了一批改革典型样板，为全面推进农业水价综合改革提供了重要参考。但是，水价调整、协商定价、建立精准补贴和节水奖励引入社会资本参与工程建设、完善水权交易等典型经验和做法在推广过程中仍然困难重重，受到地方财政支持力度、种植结构、灌溉方式、水资源条件等多种因素的影响，想要全面推广仍需加强深入研究和系统设计。农业水价综合改革从80个试点县推广到全国2861个县（市、区），由于水资源禀赋、灌溉条件、经济发展水平、种植养殖结构等差异较大，加上伴随我国农村改革的不断深入，农业水价综合改革面临的背景和形势不断变化，改革更加不宜“一刀切”，仍须探索符合实际、各具特色的做法，有计划、分步骤推进，统筹设计、动态调整，系统实现各项改革目标。

2. 基础薄弱是制约农业水价综合改革全面推进的“瓶颈”

一方面，农田水利配套设施建设尚不完善。从全国层面上来看，我国现有农田水利工程大多建于20世纪50～70年代，普遍存在标准低、配套差、老化失修、效益衰减等问题，小型灌区和面广量大的田间工程亟待建设和改造，“最后一公里”问题依然突出，特别是计量设施不配套，国有骨干工程支渠以上计量未实现全覆盖，末级渠系、小型灌区和地下水计量设施普遍缺乏，很大程度上制约了终端水价、计量水价的实施，成为在全国范围内推广农业水价综合改革的“瓶颈”。

另一方面，农田灌溉管理和工程维护服务水平较低。农业取水管理普遍较为粗放，大部分农业灌区尚未实行取水许可管理，也未开展计划用水管理，全国农田灌溉水有效利用系数为0.53左右，与发达国家0.7～0.8相比还有很大差距；农业灌溉暂不收取水资源税，部分灌区、水管单位缺少必要的管护经费，不能正常发挥管护作用；部分基层水利工作者、水管员的劳动补贴无法兑现，影响工作积极性；有些地方农民用水户协会组织松散、管理粗放，未能真正发挥作用。在农村基层，随着农村外出务工人数的增加，留守人群大部分是老人、妇女和儿童，他们没有能力开展农业灌溉和工程维护。这些均与现代农业灌溉管理和工程维护的需求不相适应，不利于推进农业水价综合改革。

3. 执行水价与供水成本差距大

建立合理的农业水价形成机制是农业水价综合改革的核心。农业水价原则上应达到或逐步提高到运行维护成本水平。目前，从全国层面上来看，我国许多地区农业水价执行标准远未达到补偿供水成本甚至是工程运行维护成本水平。据2014年农业水价综合改革试点数据统计，试点区农业供水平均成本为25.89分/$m^3$，其中国有水利工程供水成本为17.51分/$m^3$，末级渠系供水成本为8.38分/$m^3$。农业水价综合改革前，平均农业终端执行水价为9.19分/$m^3$，其中国有水利工程水价为6.21分/$m^3$，末级渠系水价为2.98分/$m^3$。农业终端执行水价仅占农业供水成本的1/3，水费实收率也不高，仅为76%，农业水费收入占农业供水成本的比例更低，仅为1/4左右，尤其对于粮食作物，水价调整难度大，需要进一步完善农业水价形成机制，建立促进节约用水、保障工程良性运行的水价形成机制。从全国范围看，大部分地区灌排工程运行维护经费财政补助政策落实不到位，成本补偿欠账太多，按成本定价会使水价增幅过高。长期以来，对于灌区末级渠系以下部分的灌溉水价没有纳入政府管理范畴，也没有完全按照市场定价或协商定价的方式予以制定。长期低价灌溉制度及其做法，给农业水价的调整改革带来不少阻力。

4. 精准补贴政策的落地难

水价调整是农业水价综合改革的一项核心任务。受农业收益较低、农民生产积极性下降等因素影响，农民对农业水价的心理承受能力相对较低，因此，在合理调整农业水价的同时建立精准补贴机制是一项重要的配套改革任务。考虑到精准补贴是一项创新性工作，各地工程设施、用水管理、财力状况等差别较大，因此国务院办公厅印发的《国务院办公厅关于推进农业水价综合改革的意见》（国办发〔2016〕2号）（以下简称《意见》），明确“重点补贴种粮农民定额内用水”“补贴标准根据定额内用水成本与运行维护成本的差额确定”，并明确“补贴的对象、方式、环节、标准、程序以及资金使用管理等，由各地自行确定”。截至目前，从各地制定出台的省级实施方案（意见）看，关于“精准补贴”的规定基本与《意见》一致，尚未细化，也不具操作性。省级实施方案（意见）又明确由县级实施方案（意见）对具体补贴对象、方式、环节、标准等进行探索。地方尚未成功破题，可见“精准补贴”政策落地的难度之大，从原则抽象到具体细化可操作，我们还有很长一段路要走。

# 3.2 当前农业水价改革存在的主要问题及其影响

## 3.2.1 当前农业水价改革中存在的主要问题

结合水利部财务经济司“农业水价综合改革两项政策”调研情况和本书作者组织的调研来看，当前我国农业水价改革进程中还面临着许多问题，集中体现在以下三个方面。

一是目前国有水利工程水价和供水成本之间还有相当差距。水费是水管单位维持简单再生产的经费来源，目前农业低价政策使水管单位运行困难，水利工程维护没有正常的经费来源。水管单位体制改革为解决水利工程的正常运行提供了契机，但从实地调研情况来看，改革进展比较缓慢，虽然水管单位都制订了改革方案，但能够落实“农业水价综合改革两项政策”的经费极少，公益性支出和政策性亏损均得不到补偿。水价得不到调整的直接原因是目前农民收入不高，地方政府都有减轻农民负担的情结。

二是计价方式不适应节约用水的需要，且水费收取率低。目前农业水价基本上是单一的水价标准，且基本上是按亩计收的。定额管理累进加价、丰枯季节水价等有利于促进节约用水的计价方式还没有普遍实施。按亩计收水费与用水的多少无关，多用少用收取的费用一样，助长了浪费现象的发生。此外，由于水费计收方式不合理，末级渠系水价秩序混乱，中间加价和搭车收费现象严重，致使水费收取透明度、诚信度下降，农民用水户支付水费的积极性受到较大打击，水费收取率十分低下。

三是末级渠系工程质量状况差，不仅制约着灌区骨干工程效益的发挥，也影响着农业水价改革工作的深入。末级渠系是整处灌区灌溉体系中的基础工程，即“毛细血管”，是连接着灌区骨干工程和农田的纽带，是保证农田得到及时有效灌溉的前提和基础。但是末级渠系工程的维护和管理长期滞后于灌区骨干工程建设，加之权属关系不明确，导致末级渠系工程衬砌率低，工程质量状况差；配套设施缺乏，且破损严重；改造缺乏投入，维修和养护得不到保障。

## 3.2.2 存在问题的影响

农业水价改革中存在的问题是我国大部分灌区普遍存在的，这些问题目前已影响着我国的农业综合生产能力和节约用水政策的实施，影响着农业增产和农民增收。从长期看，如不采取有效措施，势必影响节水型社会建设、国家的粮食安全和经济稳定发展、农民增收和社会稳定及民主参与管理意识。具体来说，主要体现在以下四个方面。

1. 制约节水型社会的建设

解决我国水资源短缺问题的根本出路是建设节水型社会，其核心是提高水资源的利用效率。我国农业节水的潜力很大，建设节水型农业是建设节水型社会的重点，也是难点。从调研情况来看，农业用水浪费主要是田间的用水浪费和渠系损失，田间的用水浪费主要是由人为因素造成的，通过节水制度建设，鼓励农民节约用水，政策激励效果明显。渠系损失主要是由工程因素造成的，应主要通过末级渠系的节水改造，减少“跑、冒、漏”等现象的发生，提高用水效率。目前末级渠系不配套和破损严重的现状无疑制约着农业的全面节水。另外，随着大中型灌区骨干工程逐步完成节水改造任务，支渠以上渠系输水效率明显提高，末级渠系不与之相配套、直接影响着灌区整体效益的发挥。

2. 影响国家的经济稳定发展和粮食安全

灌区发展是国家经济稳定和粮食安全的基础保障。我国每年在占全国耕地45%左右的灌溉面积上生产的粮食和经济作物分别占全国粮食总量和经济作物总量的75%和90%以上。灌溉面积上粮食的平均亩产是全国平均水平的1.8倍，是旱地的2.9倍，灌溉效益十分明显。由于末级渠系存在的问题，灌区上通下阻，渠系不畅，灌溉面积有萎缩趋势，影响了灌区发挥效益和当地粮食产量，从全国范围来看，如果灌区逐年萎缩，势必会造成我国农业总产量的降低，影响国家经济稳定和粮食安全。

3. 增加了农民负担，影响了农民增收和社会稳定

末级渠系水量损失大，这些损失的费用要由农民来承担；末级渠系水价秩序

和水费征收混乱，个别地区搭车收费现象严重；渠系衬砌率低，每年的清淤和维护，增加了农民投工投劳强度，这些都直接加重农民负担。灌溉面积衰减，用水保证率不高，有些农民选择抛荒或改旱作，直接减少粮食产量，影响农民收入。末级渠系用水管理粗放，争水、抢水、偷水时有发生，再加上计量设施落后，田亩均摊水费、用水负担不公等现象的发生，造成上下游、村组间、农户间用水矛盾突出，水事纠纷不断，影响灌区内的社会稳定。

4. 抑制了公众的民主参与管理意识

末级渠系管理体制存在的问题使渠系管理维护、“一事一议”和水费计收等缺少组织者，单靠农民个人想管也管不了，想干也干不成。致使渠道有人使用，无人管护，农民“等、靠、要”思想严重。再加上末级渠系水价和水费使用缺乏民主约束和监督，终端水价居高不下，群众负担沉重，意见很大。这种状况极大地影响了农民主动参与管理的意识，削弱了农民投工投劳的积极性。在“一事一议”中，群众参与热情度不高，“事难议，议难成，成难果”的现象普遍，想通过民主议事解决农业灌溉中存在的实际问题变得更加困难。

## 3.3 典型灌区灌溉水价改革实践及其效果分析

本节将从当前我国水价改革存在的一系列问题入手，分析这些问题的影响，以及部分灌区在解决这些问题中的探索和实践，为我国下一步制定合理的农业水价改革政策提供借鉴和参考。

### 3.3.1 灌区农业水价改革现状

为了分析近年来我国灌区农业水价改革的基本情况及其对农业用水的影响和作用，本书采用了水利部财务经济司于2006年组织的“农业水价综合改革两项政策调研”的调研数据，数据包括23个省（自治区）的505处灌区①。

根据对23个省（自治区）上报的505处灌区资料统计分析，2000年、2003年、2005年平均水价分别为0.0451元/$m^3$、0.0469元/$m^3$、0.0513元/$m^3$，相对

① 由于没有全国范围的调研数据，因此仍用2006年调研数据进行分析。

应的供水测算成本分别为 0.1263 元/m³、0.1328 元/m³、0.1439 元/m³，水价仅占成本的 35.73%、35.31%、35.67%。详见表 3-1 和图 3-1。

**表 3-1　调研灌区农业水价状况**

| 项目 | 2000 年 | 2003 年 | 2005 年 | 2005 年比 2000 年上升/% |
|---|---|---|---|---|
| 现行水价/(元/m³) | 0.0451 | 0.0469 | 0.0513 | 13.69 |
| 农业供水测算成本/(元/m³) | 0.1263 | 0.1328 | 0.1439 | 13.89 |
| 水价占成本比例/% | 35.73 | 35.31 | 35.67 | |

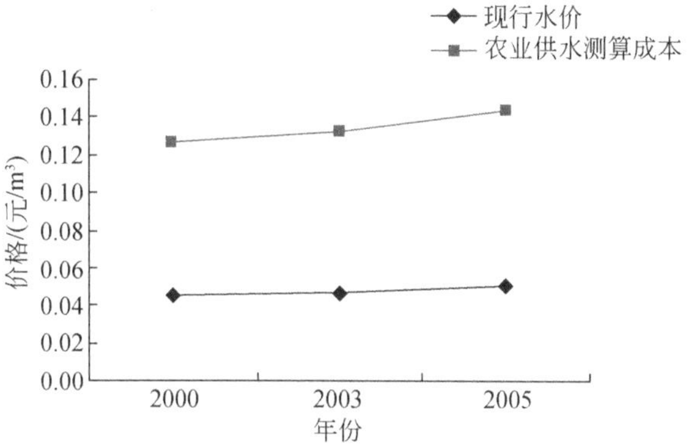


图 3-1　调研灌区 2000 年、2003 年和 2005 年农业水价状况

23 个省（自治区）2000～2005 年来农业水价变动呈现出不同的趋势。2005 年，现行水价水平中，吉林省的价格水平最低，仅为 0.0017 元/m³，价格水平最高的是山西，为 0.2168 元/m³。有 5 个省现行水价低于 0.01 元/m³，6 个省的现行水价在 0.01～0.03 元/m³，4 个省在 0.03～0.05 元/m³，5 个省在 0.05～0.10 元/m³，只有 3 个省的水价超过 0.10 元/m³。

2005 年与 2000 年的实际执行水价相比，共有 5 个省出现价格下降趋势，分别是海南、广东、青海、四川和河北，下降幅度为 0.15%～19.46%。18 个省（自治区）的实际执行价格有不同的上调，分别是山西、安徽、河南、新疆、浙江、山东、辽宁、内蒙古、江西、吉林、湖南、江苏、贵州、甘肃、黑龙江、广西、云南、湖北，上调幅度为 0.26%～198.34%。共有 19 个省（自治区）水价变动幅度小于 30%，其中，共有 9 个省（自治区）的灌溉水价变动幅度在 10% 内，6 个省（自治区）的水价变动幅度在 10%～20%，有 4 个省（自治区）变动幅度在20%~30%。此外，黑龙江、广西和云南3省（自治区）的水价变动幅度分别为49.44%、56.62%和78.89%。湖北的水价变动最大，达到198.34%（表3-2、图3-2）。

**表3-2　部分省（自治区）水价变动情况**

| 省（自治区） | 农业供水测算成本/(元/m³) | | | 2005年比2000年上升/% | 现行水价/(元/m³) | | | 2005年比2000年上升/% |
|---|---|---|---|---|---|---|---|---|
| | 2000年 | 2003年 | 2005年 | | 2000年 | 2003年 | 2005年 | |
| 海南 | 0.0655 | 0.0655 | 0.0780 | 19.20 | 0.0359 | 0.0359 | 0.0289 | -19.46 |
| 广东 | 0.0073 | 0.0038 | 0.0068 | -6.47 | 0.0046 | 0.0022 | 0.0038 | -17.48 |
| 青海 | 0.0660 | 0.0632 | 0.0625 | -5.37 | 0.0190 | 0.0179 | 0.0165 | -13.44 |
| 四川 | 0.3650 | 0.3613 | 0.3569 | -2.20 | 0.0911 | 0.0908 | 0.0856 | -6.09 |
| 河北 | 0.2618 | 0.3262 | 0.3299 | 26.04 | 0.0961 | 0.0949 | 0.0959 | -0.15 |
| 山西 | 0.6211 | 0.6384 | 0.6186 | -0.41 | 0.2162 | 0.2115 | 0.2168 | 0.26 |
| 安徽 | 0.1041 | 0.1053 | 0.1060 | 1.75 | 0.0545 | 0.0547 | 0.0547 | 0.37 |
| 河南 | 0.1562 | 0.1661 | 0.1913 | 22.53 | 0.0396 | 0.0432 | 0.0414 | 4.60 |
| 新疆 | 0.0653 | 0.0698 | 0.0618 | -5.39 | 0.0260 | 0.0270 | 0.0272 | 4.68 |
| 浙江 | 0.0193 | 0.0191 | 0.0199 | 2.99 | 0.0093 | 0.0091 | 0.0098 | 5.58 |
| 山东 | 0.1651 | 0.1968 | 0.2121 | 28.48 | 0.0618 | 0.0637 | 0.0655 | 5.85 |
| 辽宁 | 0.1196 | 0.1259 | 0.1357 | 13.40 | 0.0490 | 0.0484 | 0.0527 | 7.60 |
| 内蒙古 | 0.0683 | 0.0744 | 0.0789 | 15.48 | 0.0405 | 0.0437 | 0.0451 | 11.38 |
| 江西 | 0.0144 | 0.0146 | 0.0154 | 7.03 | 0.0057 | 0.0059 | 0.0067 | 16.57 |
| 吉林 | 0.0876 | 0.0953 | 0.0877 | 0.18 | 0.0014 | 0.0015 | 0.0017 | 17.19 |
| 湖南 | 0.1053 | 0.1066 | 0.1085 | 3.03 | 0.0276 | 0.0326 | 0.0337 | 22.07 |
| 江苏 | 0.0768 | 0.0967 | 0.1055 | 37.40 | 0.0377 | 0.0468 | 0.0466 | 23.56 |
| 贵州 | 0.0380 | 0.0451 | 0.0469 | 23.23 | 0.0171 | 0.0205 | 0.0212 | 23.96 |
| 甘肃 | 0.1509 | 0.1587 | 0.2016 | 33.59 | 0.0824 | 0.1008 | 0.1047 | 27.12 |
| 黑龙江 | 0.0284 | 0.0467 | 0.0529 | 85.96 | 0.0156 | 0.0210 | 0.0234 | 49.44 |
| 广西 | 0.0291 | 0.0266 | 0.0361 | 23.98 | 0.0064 | 0.0064 | 0.0100 | 56.62 |
| 云南 | 0.2053 | 0.2057 | 0.5234 | 154.91 | 0.0017 | 0.0024 | 0.0030 | 78.89 |
| 湖北 | 0.0615 | 0.0622 | 0.0875 | 42.29 | 0.0348 | 0.0375 | 0.1038 | 198.34 |

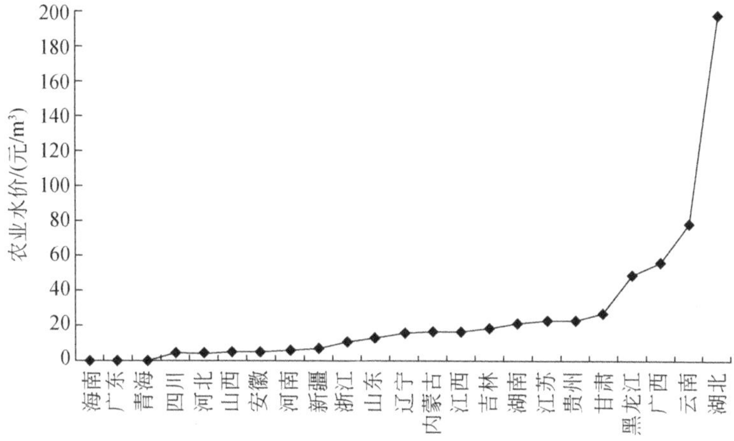


图 3-2　23 个省（自治区）2000 ~ 2005 年农业水价变动幅度

在 505 处灌区中，实行按方（立方米）收费的灌区共有 297 个，占 58.81%；按亩收费的灌区 208 个，占 41.19%。水价变动方面，2000 ~ 2005 年，共有 181 处灌区的灌溉水价发生过变动，占统计灌区的 35.84%；有 324 处灌区的灌溉水价 6 年来没有进行过调整，占 64.16%。在 181 个水价调整的灌区中，有 161 处灌区的水价是上调的，占全部水价调整灌区的 88.95%，占全部调查灌区的 35.84%，见表 3-3。

**表 3-3　调查灌区农业水价变动情况**　　（单位：个）

| 项目 | 总数 | 水价变动 | 水价上调 | 水价下降 | 水价不变 |
|---|---|---|---|---|---|
| 按方收费 | 297 | 114 | 106 | 8 | 183 |
| 按亩收费 | 208 | 67 | 55 | 12 | 141 |
| 合计 | 505 | 181 | 161 | 20 | 324 |

综上所述，近年来我国农业水价改革呈现出总体价格水平略有上升，但与成本价格相比仍然有较大差距。

### 3.3.2　农业水价改革主要探索和实践

针对当前农业灌溉面临的一系列问题，从中央到地方都进行了诸多探索和实践。就农业水价改革而言，主要有两个方面的内容，即推行农业终端水价改革和科学合理的水费计量方式改进。

终端水价是指政府在确定农业水价时，将末级渠系的供水成本纳入定价范围，实行农业水价“一价到户”的定价收费原则。终端水价将末级渠系工程成本考虑在内，有效地解决了末级渠系管理维护费用问题，为末级渠系的可持续运行提供了有利保证，同时，“一价到户”也有效杜绝了中间加价、水费截留等问题。

水费计收方式改革主要指水费按方计量，计量点由渠首或干渠口逐步向支渠口、斗农毛渠口甚至田间转移。实行按方收费、计量到户等科学合理的水费计收方式对促进水价改革、节约用水的作用十分明显。通过水费计收方式的改革，不仅能够很好地提高灌溉水的计量精度，更重要的是提高了灌溉的公平性和管理的科学性，使用水户用上放心水、明白水。

### 3.3.3 农业水价改革实践效果分析

推行以农业终端水价改革为核心、科学合理的水费计量方式为配套的农业水价改革，是一些灌区在解决当前农业水价改革，以及农业灌溉面临一系列问题的成功探索和实践。为了进一步分析和评估这些改革措施的实际效果，本书专门设计了一套调研表格，针对灌区终端水价改革、灌溉水费计量和收取、末级渠系建设和农业用水户协会参与等情况进行了二次调研，调研的形式是函调，包括黑龙江、湖北、山东、陕西、新疆、河南、宁夏、甘肃 8 个省（自治区），共 62 处灌区。

在收回的 62 份灌区资料中，有 3 处灌区的资料缺乏水价和水费收取情况，其余的 59 处灌区中，以 2006 年的水费计收方式为准，其中 49 处灌区是按方收费，10 处灌区是按亩收费，统计情况见表 3-4。在 49 处按方收费的灌区中，有 29 处灌区实行了终端水价改革，而在 10 处按亩收费的灌区中，只有 2 处灌区在 2006 年实行了终端水价改革。

**表 3-4　灌区农业水价改革基本情况统计**　　　　（单位：处）

| 收费方式 | 合计 | 2006 年实行终端水价改革灌区数量 |
|---|---|---|
| 按方收费 | 49 | 29 |
| 按亩收费 | 10 | 2 |

1. 终端水价改革对灌溉水量的影响

在回收的 49 份有效问卷中，共有 31 处灌区在 2006 年实行了农业终端水价。为了比较终端水价改革对灌溉用水量的影响，我们计算了这 49 处灌区从 1995 ~ 2006 年的总体价格-亩均灌水量弹性。计算的结果显示，共有 46 处灌区的灌溉价格弹性通过检验，其中 24 处灌区截至 2006 年实行了终端水价改革，22 处灌区还没有实行终端水价改革。图 3-3 显示实行终端水价改革灌区的价格弹性在总体趋势上明显低于未实行终端水价改革的灌区，这一趋势表明：通过终端水价改革，农户能够更清晰地感受到水价对用水量的压力，进而能够有效地促进灌溉用水量的减少。

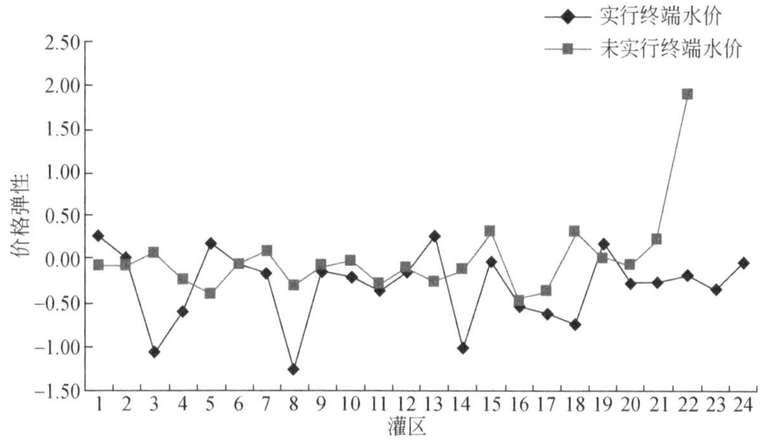


图 3-3　终端水价改革对灌溉水的价格弹性影响分析

上述从总体上分析终端水价改革对灌溉用水量的影响，下面讲述一些典型灌区的案例。图 3-4 是 59 份问卷中随机抽取的两处灌区问卷。两处灌区的计量方式均为按方收费，不同的是陕西泾惠区灌区实行的是终端水价改革，河南鸭河口灌区则未实行终端水价改革。图中曲线表示两处灌区 1995 ~ 2006 年来亩均小麦用水量的变化趋势，可以直观地看到，是否推行终端水价改革对小麦灌溉水量的影响很明显。河南鸭河口灌区的小麦灌水量起伏较大，且总体上呈上升趋势，而陕西泾惠渠灌区的小麦灌水量则起伏很小，并且呈降低趋势。

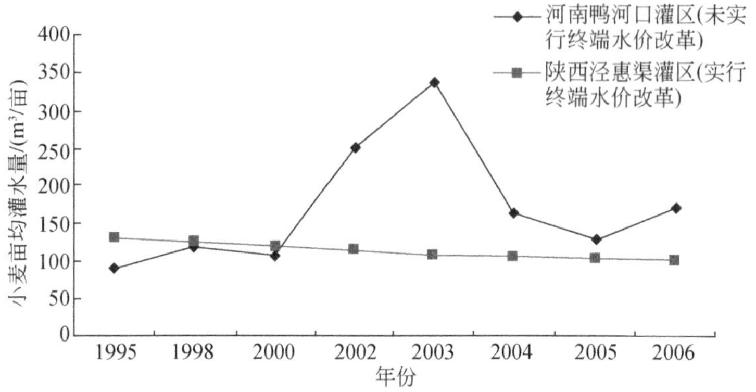


图 3-4　终端水价改革对灌溉水量影响的典型比较

2. 终端水价改革对水价制定和水费收取的影响

为了分析终端水价改革对水价水平制定的影响，我们整理了 59 处灌区 2006 年执行水价标准的情况，并将其与测算成本相比，得出执行水价与测算成本的比值。59 处灌区中，有 14 处没有给出测算成本，因此，共分析 45 处灌区的情况，其中，24 处实行了终端水价改革，21 处未实行终端水价改革。由图 3-5 可以看出，实行终端水价改革的灌区，执行水价占成本水价的比例从整体上明显高于未实行终端水价的灌区。实行终端水价改革的灌区中，有 12 处灌区的比值超过

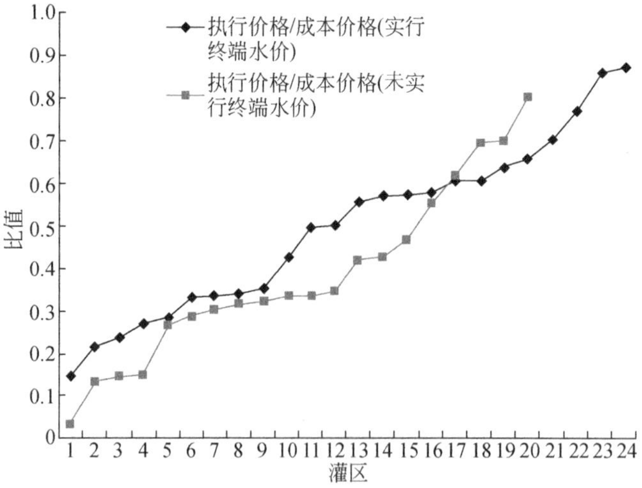


图 3-5　终端水价改革对灌溉定价的影响

0.5，占 24 处灌区数的 50%，其中有 4 处灌区的比值超过 0.7；而未实行终端水价改革的灌区只有 5 个的比值超过 0.5，仅占 21 处灌区的不足 25%，其中只有 1 处灌区的比值为 0.7。

3. 终端水价改革对水费收取的影响

如图 3-6 所示，45 处灌区中，实行终端水价改革的灌区水费实收率明显高于未实行终端水价改革的灌区。在 24 处实行终端水价改革的灌区中，只有 1 处灌区 2006 年的水费实收率未超过 50%，有 19 处灌区的水费实收率超过 70%，根据函调数据显示，其中有 5 处灌区的水费实收率甚至达到 100%。而反观未实行终端水价改革的灌区，有 11 处灌区的水费实收率不足 50%，其中有两处灌区的实收率低于 10%，仅有 6 处灌区的水费实收率超过 70%。

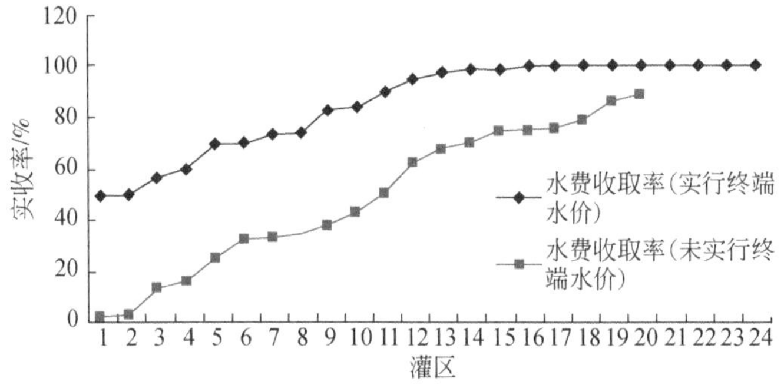


图 3-6 终端水价改革对水费实收率的影响

终端水价改革将末级渠系的管理和维护费用纳入定价范围，不是简单的价格水平增加，而是考虑到末级渠系在灌区输配水系统中的重要地位和作用，以及当前末级渠系面临的现状。因此，实行终端水价改革，尽管可能会使当地的灌溉水价略有上升，但由于解决了末级渠系的管理和养护问题，提高了灌溉效率而被用水户所接受，反而提升了当地水费实收率，在一定程度上解决了水费收取难的问题。

4. 终端水价改革对末级渠系建设和农业用水户协会的影响

终端水价改革对农业节水的促进作用，一方面体现在价格变动对用水行为的调节，另一方面还体现在终端水价的推行解决了末级渠系管理和维护费用问题，提升了末级渠系的输配水能力和农民用水灌水的组织能力。结合实地调研和函调情况分析，实行终端水价改革后，水管单位会采取不同的形式把末级水费返还给农户，用于末级渠系的修建、管理和维护。其返还的方式主要有两种：一是直接将水费用于末级渠系的建设；二是将末级水价返还给农民用水户协会，协会将返还水费手于维护协会辖区内灌溉管理组织和协会自身运作。表 3-5 列出了两处典型灌区陕西泾惠渠灌区和新疆博河灌区在推行终端水价改革过程中，利用终端水价改革推进农业用水户参与末级渠系管理和建设投资的情况。根据调研可知，陕西泾惠渠灌区属于农民用水户协会组织发展比较规范的灌区，用水户协会完全承担协会辖区内用水的灌溉管理和末级渠系的管理和维护；而新疆博河灌区属于水管单位直接垂直管理到村，用水户协会的主要职责是协助灌区驻村水管员管理协会用水情况，以及组织用水户成员维护末级渠系。正因为两处灌区的末端灌溉管理机制不同，用水户协会的作用也有所差异，两地在返还末级水价方面也有所差别。陕西泾惠渠灌区向用水户协会返还的末级水价为 0.062 元/$m^3$，占执行的终端水价 0.105 元/$m^3$ 的近 60%，而新疆博河灌区返还的末级水价为 0.006 元/$m^3$，仅占终端水价的 25% 左右。尽管两地末级水价返还比例有所差距，但两地利用终端水价改革的推进，充分结合农民用水户协会组织农民对末级渠系进行建设、管理和维护。2000 ~ 2006 年，陕西泾惠渠灌区在水管单位没有投资的前提下，通过农民用水户协会组织农民投资 1174 万元，占同期灌区工程修建总投资的 45%，改造末级渠系 526.27km，使整处灌区的末级渠系衬砌率达到 69.35%；新疆博河灌区也组织农民投资 684 万元，占同期灌区工程投资总额的 69%，修建末级渠系 72.774km，使灌区末级渠系衬砌率达到 52.25%。

**表 3-5　2000 ~ 2006 年两处灌区终端水价改革对末级渠系建设的作用**

| 灌区 | 终端水价/(元/$m^3$) | 末级水价/(元/$m^3$) | 末级水价返还对象 | 末级渠系投资 | | | | 末级渠系衬砌 | |
|---|---|---|---|---|---|---|---|---|---|
| | | | | 农民投资/万元 | 占比/% | 水管单位投资/万元 | 占比/% | 长度/km | 衬砌率/% |
| 陕西泾惠渠灌区 | 0.105 | 0.062 | 用水户协会 | 1174 | 45 | 0 | 0 | 526.27 | 69.35 |
| 新疆博河灌区 | 二类：0.023<br>三类：0.024 | 0.006 | 用水户协会 | 684 | 69 | 60 | 25 | 72.774 | 52.25 |

注：二类水价是指粮食灌水价格，三类水价指经济作物灌水价格。

此外，一些灌区在推行终端水价改革的过程中，通过农业用水户协会进行水费收取。通过“灌区+农业用水户协会”的模式，农业用水户协会以独立的法人与灌区签订买水合同，统一向灌区买水。农业用水户协会再与协会会员签订水费合同，向会员供水。通过这种模式，不仅解决了水费计收难的问题，还有效地减轻了农民的水费负担。

### 3.3.4 水费计量方式效果分析

水费计量方式的改进主要体现在两个方面：一是由原来的按亩收费改为按方收费；二是水费计量点的选择。因此，分别从水费计量标准改变和水费计量点选择两个方面来分析水费计量的效果。

1. 改变水费计量标准的效果分析

传统的水费计量标准是按亩计量，这种计量方式无法反映用水量的大小对农户支付水费多少的影响，造成用水不均、收费难等问题发生。改为按方收费后，农民支付水费的多少直接反映在用水量上，可以很好地发挥水价的杠杆作用，体现用水的公平和效率，一方面可以提高水费的实收率，另一方面价格的杠杆作用也能有效地调节用水量。

表 3-6 是黑龙江龙凤山灌区 1995 ~ 2006 年水费计收方式改变，相应的价格水平、水费收取和亩均用水量的变化情况。该灌区 2003 年前实行的是按亩收费，收费标准为 20 元/亩。2004 年开始实行按方收费，收费标准为 0.041 元/$m^3$。由图 3-7 可以看出，随着龙凤山灌区水费计收方式由按亩收费改为按方收费，其相应的水价水平、水费实收率都实现了较大程度的提升，而与此相对应的是亩均灌溉定额则呈现出明显的下降趋势。

**表 3-6　黑龙江龙凤山灌区农业水价变动情况**

| 年份 | 测算成本/(元/$m^3$) | 执行水价 | | 水费实收率 | 执行水价比成本水价/% | 亩均水稻灌水量/($m^3$) |
|---|---|---|---|---|---|---|
| | | 元/亩 | 元/$m^3$ | | | |
| 1995 | 0.029 | 20 | 0.015 | 0.17 | 52 | 1320 |
| 1998 | 0.034 | 20 | 0.016 | 0.45 | 47 | 1240 |
| 2000 | 0.034 | 20 | 0.017 | 0.49 | 51 | 1156 |
| 2002 | 0.034 | 20 | 0.019 | 0.54 | 56 | 1053 |
| 2003 | 0.034 | 20 | 0.021 | 0.61 | 62 | 947 |
| 2004 | 0.0589 | — | 0.041 | 0.68 | 70 | 719 |
| 2005 | 0.0589 | — | 0.041 | 0.68 | 70 | 726 |
| 2006 | 0.0589 | — | 0.041 | 0.67 | 70 | 725 |

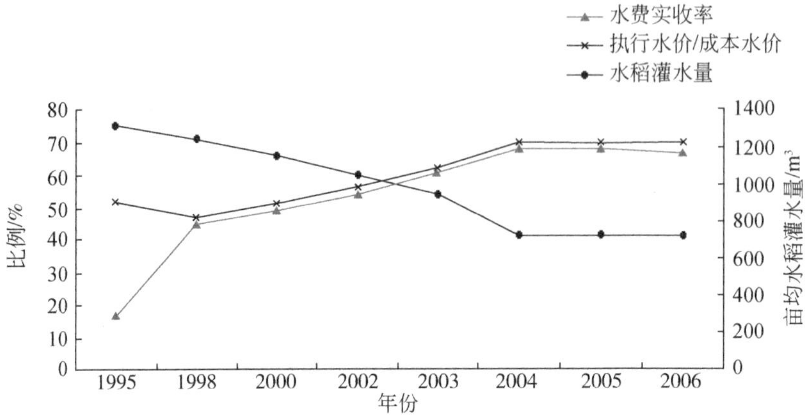


图 3-7　典型灌区水费计量方式纵向变动的影响

分析水费计收方式纵向变动的影响，再看看横向的比较。图 3-8 中甘肃兴电灌区和长庆桥灌区是分别代表按方收费和按亩收费两种类型的灌区。两处灌区小麦亩均灌水量变动趋势表明：实行按方收费的兴电灌区，水价起到了调节用水户用水行为的作用，灌溉定额呈持续下降；而实行按亩收费的长庆桥灌区，由于水费支出与灌水量的多少没有直接关系，从而也起不到价格的杠杆调节作用，灌溉定额反而呈逐年增加的趋势。

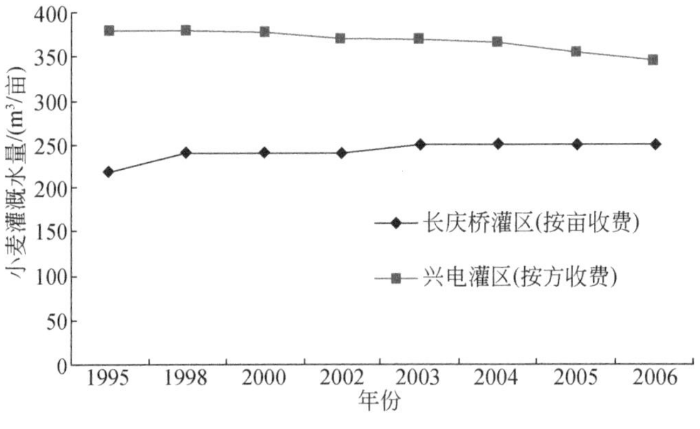


图 3-8　不同计费方式对灌溉用水量影响的横向比较

2. 水费计量点变化的效果分析

水费计量点是指按方收费中农户实际灌水量的计量口，一般包括五种，即渠首、干渠口、支渠口、斗渠口和农渠口。通常而言，计量点越接近田间，计量标准越精确，农户也就越能清楚地知道自己灌溉了多少水，从而更利于调节农户的灌水行为，促进节约用水。

为了便于比较计量点的选择对灌溉水量的影响，我们选取条件相近的宁夏四个引黄灌区，分别是唐徕渠灌区、汉延灌区、惠农灌区和固海灌区来进行比较分析（表 3-7）。

**表 3-7　宁夏四个典型灌区水费计量点对小麦灌溉定额的影响**　（单位：$m^3$/亩）

| 灌区 | 水费计量点 | 1995 年 | 1998 年 | 2000 年 | 2002 年 | 2003 年 | 2004 年 | 2005 年 | 2006 年 |
|---|---|---|---|---|---|---|---|---|---|
| 唐徕渠灌区 | 渠首 | 1472 | 1542 | 1435 | 1195 | 1118 | 1195 | 1224 | 1261 |
| 汉延灌区 | 干渠口 | 1724 | 1770 | 1625 | 1556 | 1225 | 1353 | 1385 | 1360 |
| 惠农灌区 | 支渠口 | 900 | 950 | 790 | 680 | 600 | 600 | 630 | 650 |
| 固海灌区 | 农渠口 | 700 | 675 | 650 | 600 | 575 | 550 | 525 | 500 |

图 3-9 表明，随着水费计量点依次由渠首向农渠口移动，亩均小麦灌水量也依次降低，且计量点越靠近田间，逐年水量减少的趋势越稳定。

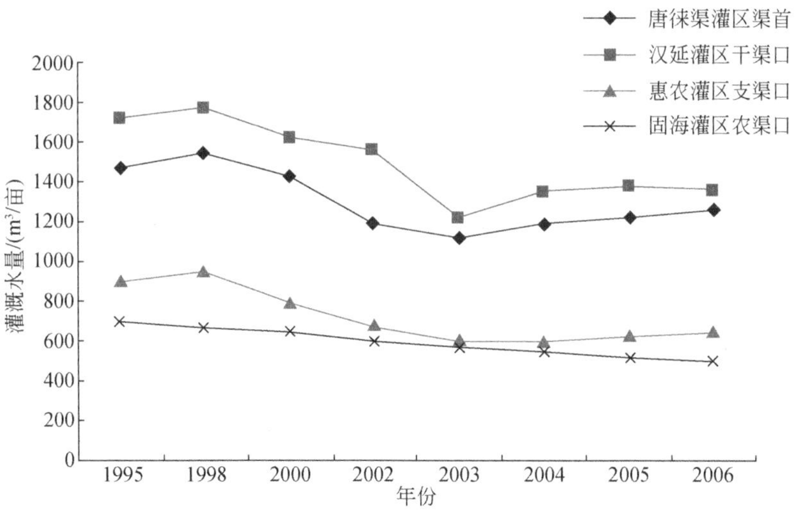


图 3-9　水费计量点对灌溉水量的影响

## 3.4 小　　结

（1）当前我国农业水价改革和农业灌溉面临着一系列问题，集中体现在价格水平低、收费难、灌溉秩序混乱、末级渠系工程质量状况差等方面。这些问题的存在严重影响着我国农业水资源的可持续利用，并进而影响着我国粮食安全战略的实施。

（2）以终端水价改革为核心，以推行科学合理的水费计收方式为配套，是地方灌区在农业水价改革实践中探索的成功经验。终端水价改革不仅解决了末级渠系的管、养、护的费用问题，有效地促进末级渠系的节水改造，“一价到户”的计价原则加上科学合理的计费方式也使水费计量和收取更科学、公平与合理，有效杜绝了中间加价、搭车收费等问题，使灌溉秩序得到很好的维护，也使水价更好地发挥杠杆的作用，有力地促进农业节水。

（3）典型灌区推进终端水价改革的实践表明，农业水价改革还必须重视灌区软环境和硬环境的建设。软环境主要体现在推行灌区管理机制改革，支持和规范农业用水户组织等农民管水组织。硬环境主要指加强以末级渠系节水改造为重点的灌区节水改造建设，改变灌溉水计量方式，推行计量到田间地头的科学计量方式。

# 第4章 灌区农业水价调整对农业节水的影响分析

## 4.1 灌区农业水价改革对农业节水的影响

从水利部财经司组织的“农业水价两项政策调研”和课题组自己组织的“农业水价改革与农业节水关系研究”调研情况来看，近年来各地农业节水工作呈现出不同的局面。总的来说，农业水价改革推进得比较好的地区，农业节水的状况也相对比较好。

### 4.1.1 农业水价变动对灌区灌溉用水量变化的影响

作物亩均实际灌溉用水量是反映一个地区农业节水发展状况最主要的指标。为了证明农业水价调整会影响灌溉用水，我们根据现有资料采用横向和纵向两种方式来证明灌溉水价的上调对农业节水的作用。

1. 横向比较灌溉水价变动对灌区平均灌溉定额的影响

为了从全国范围内比较灌溉水价变动对节约用水的影响，我们从505处灌区中选取了68处灌区作为样本。68处样本灌区的一个共同特点是水价数据和用水量数据齐全，并且灌溉水价水平均上调。68处样本灌区分布于14个省（自治区），包括51处大型灌区和17处中型灌区。统计数据显示，68处灌溉水价上调的灌区中，有42处灌区的平均灌溉定额下降，占62%；有24处灌区的平均灌溉定额反而上升，占35%；只有2处灌区的平均灌溉定额没有发生变化。

由于68处灌区分布在全国14个省（自治区），所处的地理环境和气候条件差别很大。为了使结果具有可比性，我们主要利用68处灌区2000～2005年实际执行水价和平均灌溉定额的相对变化值来进行分析。利用相对值进行比较分析的优点在于能够最大限度地剔除地区因素和种植制度的差异带来的影响，从而使分析结果比较公正、合理。从68处灌区2000～2005年价格变动百分比和亩均耗水量的变动趋势来看，基本上可以得出结论：随着水价变动百分比越来越大，亩均耗水量的变动趋势也在变大，并且亩均耗水量的总体变动趋势为负。这种变化趋势说明总体上亩均耗水量的变化具有随着价格的上调而减少的趋势。为了进一步证实这种趋势，我们计算了68处灌区的平均灌溉定额价格弹性（图4-1）。灌区平均灌溉定额价格弹性的值由小到大依次排列。68处灌区中，有42处灌区的弹性值为负。弹性为负也就意味着当价格上调的时候，亩均灌溉定额是减少的。从灌区尺度来讲，将近62%的灌区灌溉弹性为负表明灌溉水价的变动对灌溉用水量的影响是促进节约用水，这也证实了灌溉水价对农业节水的促进作用。

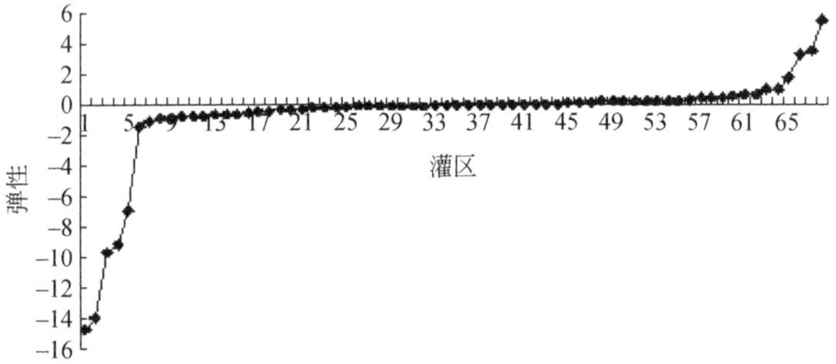


图4-1　68处灌区平均灌溉定额价格弹性

2. 纵向比较灌溉水价变动对灌区平均灌溉定额的影响

横向上证实了灌溉水价对农业节水的影响后，为了弄清时间序列上的价格调整对灌溉用水量的影响，我们利用新疆1989～2005年中的10个年份数据来分析。根据新疆水管总站提供的资料显示（表4-1），1989～2005年，全疆农业平均执行水价由0.0014元/$m^3$上涨到0.03112元/$m^3$，上涨幅度达到近22倍，与此同时，统计灌溉定额由790$m^3$/亩降低到702$m^3$/亩，下降幅度为11%。

1998年，新疆开始推行以终端水价改革为重点的农业水价改革，从2003年开始在全疆范围内全面推广。将新疆1989～2005年灌溉水价价格水平和终端水价改革情况划分为四个阶段，分别是1989～1992年的低价阶段，1992～1998年的价格逐渐调整阶段，1998 ~ 2002 年的终端水价改革开始起步阶段和 2003 ~ 2005 年的终端水价全面开展阶段。

**表 4-1　水价调整与用水量相关关系的统计表**

| 项目 | 1989 年 | 1990 年 | 1992 年 | 1998 年 | 2000 年 | 2001 年 | 2002 年 | 2003 年 | 2004 年 | 2005 年 |
|---|---|---|---|---|---|---|---|---|---|---|
| 灌溉定额/($m^3$/亩) | 790 | 871 | 799 | 778 | 748 | 738 | 709 | 710 | 698 | 702 |
| 平均执行水价/(元/$m^3$) | 0.0014 | 0.0062 | 0.0062 | 0.026 | 0.029 | 0.0305 | 0.03054 | 0.03054 | 0.03054 | 0.03112 |
| 是否开始终端水价改革（1 表示是，0 表示否） | 0 | 0 | 0 | 1 | 1 | 1 | 1 | 1 | 1 | 1 |

第一阶段的灌溉水价很低，仅为 0.0014 ~ 0.0062 元/$m^3$，灌溉定额变化是上升的，表明过低的水价不能起到调节用水户用水行为，灌溉用水量的价格弹性为正，但值很小，接近于 0。

第二阶段，灌溉水价开始逐渐上调，由 0.0062 元/$m^3$ 上升到 0.026 元/$m^3$，灌溉定额在价格持续上调情况下开始呈显著的下降趋势，此时的价格弹性为负，但值较小，接近于 0，表明水价调整对节约用水的作用开始出现，但还不足以显著影响农户的用水行为。

第三阶段，新疆部分地区开始推行终端水价改革，全区的实际执行价格也继续上调。在终端水价改革的作用下，这一阶段弹性的绝对值明显变大，达到 0.50791，水价改革对调节农户用水行为的作用开始明显。

第四阶段，这一阶段价格弹性的绝对值继续增加，达到 0.5933，终端水价改革的作用继续发挥，水价改革对节约用水的作用非常显著（图 4-2）。

四个阶段灌溉定额价格弹性变化的趋势表明，灌溉水价改革，尤其是终端水价改革对调节农户用水行为、降低灌溉定额的作用十分显著。对比分析第二阶段和第三、第四阶段灌溉定额价格弹性值的变化，第二阶段尽管价格变动的幅度很大，从 0.0062 元/$m^3$ 增加到 0.026 元/$m^3$，价格增长了 3 倍多，但其灌溉定额的价格弹性绝对值很小，接近于 0，表明这一阶段的价格上涨对调节农户用水行为，促进节约用水的作用并不明显。而第三和第四阶段价格变动幅度并不大，分别为 14.9% 和 1.9%，但是它们的价格弹性的绝对值却显著提高，主要原因就是

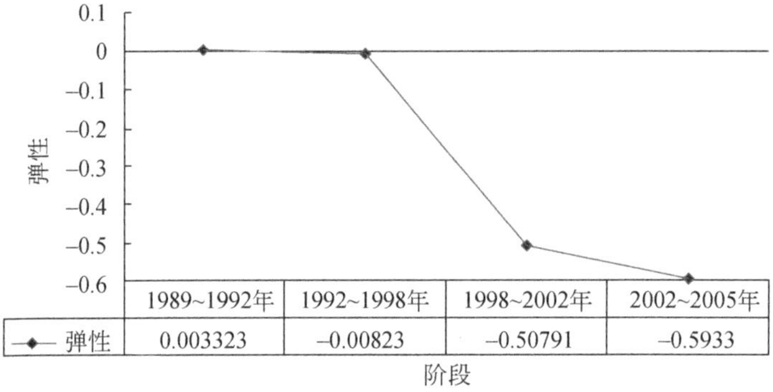


图 4-2　新疆地区平均灌溉定额价格弹性变化

实行了终端水价改革。如果考虑第三、第四阶段的累进效果，其价格弹性的绝对值还应该会进一步加大。

## 4.1.2　水价改革对农户用水行为的影响

本书作者对新疆（包括新疆生产建设兵团）部分灌区进行了调研。与水利部财务司"农业水价两项政策调研"不同的是，本书作者的调研更多地关注农户对灌溉水价改革的反应以及水价改革对农户用水行为的影响。本节主要利用调研数据分析水价对农户用水行为的影响。

1. 理论模型

农户对灌溉用水量的需求不仅受灌溉水价自身的变动，还与作物种植结构、农田水利设施、区域气候条件有关。理论模型构建必须包含这些基本的影响因子。同时，为了探讨不同农业生产投入要素对灌溉用水量是否存在影响及其影响程度，模型还应该引入农产品价格、投入价格及其他外生变量等对农户农业活动决策行为具有决定性的因素。因此，灌溉需水方程线性估计式为

$$w_i = u_i + v_i p_i + \sum_{v=1}^{z} w_v^i r_v^i + \varphi_i b + v_i D_i + \sum_{s=1}^{t} t_s^i x_s \qquad (4\text{-}1)$$

式中，$w_i$为 $i$ 作物的灌溉需水量；$p_i$为作物 $i$ 的价格；$r_v^i$为作物 $i$ 各种投入要素的价格；$b$ 为灌溉水价；$D_i$ 为灌区渠系建设虚变量；$x_s$为其他虚变量；$u_i$为截距；

$v_i$、$w_v$、$\varphi_i$、$v$ 和 $t_s$ 分别为系数。

该模型有两个基本假设：①灌溉水价的变动对农户种植业结构调整不存在影响；②各要素之间投入的价格交叉替代弹性非零。假设①的意义在于通过分析同一地块连续几年种植同一种作物，灌溉水价变动对用水量的变化影响。假设②的意义在于分析比较不同投入要素价格的变动对用水量变动的相对影响程度，从而有力地突出水价变动对农业节水的促进作用。

2. 有关问题说明

由于在设定理论模型的时候已经假定灌溉水价的变动对农户种植业结构的调整不产生影响，这样就可以直接估算水价变动对选定作物需水量的影响。

**1）样本点的选择**

在新疆（包括新疆生产建设兵团）所调查的 116 块地块中，有 64 块种植棉花，其他的作物，包括玉米、番茄、瓜果及油葵等由于样本数太小而无法进行估计。因此为了估计的准确性，我们采用棉花的相关数据进行估计。

**2）变量的选择**

在自变量的选择上，除了单方水价和棉花单价外，我们还引进了化肥单价和种子单价。为了估计农业节水措施对灌溉需水量的影响，需引入两个虚变量：一个是地块所在村斗渠以下是否有渠道衬砌（0 表示没有，1 表示有）；另一个是否采用膜下滴灌技术（0 表示没有采用，1 表示采用）。为了消除气候条件对灌溉需水量影响的干扰，我们还引入了地区当年降水量作为虚变量（0 表示 2005 年降水比往年多，其他为 1）。此外，在虚变量的选择上，为了区分出灌区管理体制对灌溉需水量的影响，还引进了地区虚变量（0 表示其他地区，1 表示新疆生产建设兵团）。

3. 灌溉水价变动对灌溉用水的影响分析

普通最小二乘法（OLS）估计结果显示，单方水价变化和膜下滴灌技术的应用对亩均灌水量有着显著的影响，而在 10% 的显著水平下，斗渠以下是否衬砌虚变量和降水量虚变量对灌溉水量有一定的影响（表 4-2）。

就单方水价而言，其对灌溉需水量的边际变化率为 $-297.68\text{m}^3$/元，也就是说，在现有水价基础上，每立方米灌溉水价上涨 0.01 元，平均田间灌溉水量将减少约 $2.98\text{m}^3$。

**表 4-2　水价变动对棉花灌溉水量变化的影响估计**

| 变量 | 亩均灌水量（OLS） | |
| --- | --- | --- |
| | 边际变化率 | $T$ 值 |
| 棉花单价 | 3. 254 | 0. 04 |
| 单方水价 | -297. 68 *** | -4. 25 |
| 化肥单价 | -8. 33 | -0. 98 |
| 种子单价 | -12. 08 | -1. 95 |
| 降水量虚变量 | 85. 65 * | 43. 27 |
| 斗渠以下衬砌虚变量 | -42. 53 * | 23. 25 |
| 膜下滴灌技术虚变量 | -235. 27 *** | 22. 35 |
| 地区虚变量 | 5. 28 | 0. 52 |

*** 表示变量系数在 5% 水平下显著；* 表示在 10% 水平下显著。

就膜下滴灌技术而言，其对灌溉水量的边际变化率为-235. 27$m^3$/亩。也就是说，如果采用膜下滴灌技术，每亩棉花将少灌近 235. 27$m^3$ 的水。从实际情况来看，膜下滴灌技术节水的估计值与调查的实际情况也基本相符。采用膜下滴灌技术种植棉花的农户，平均灌水量要比普通畦灌少灌 220 ~ 250$m^3$/亩。但问题是，膜下滴灌要求成本投入和技术含量较高，这在一定程度上限制了农户对该技术的采用。

我们注意到，在 10% 的显著水平下，斗渠以下是否衬砌虚变量对棉花的亩均灌溉水量也有一定影响。我们估计的影响值是 42. 53$m^3$/亩。这一估计结果与我们的预期有一定的差距，其主要的原因估计是新疆地块规模过大，农渠和毛渠的衬砌率普遍偏低（调查的村级农渠衬砌率不足 2%），且土渠过长，因此，现有的衬砌工程对灌溉水量的影响效果不显著。这一结果也从另一侧面反映当前新疆末级渠系工程质量状况亟待提高的现实状况。此外，在 10% 的显著水平下，降水量虚变量对亩均棉花灌水量也有一定影响。

估计结果显示，当期棉花的价格，以及化肥和种子的价格对用水量没有显著影响。这也许和农户的生产习惯有关。因为一旦农户做出了生产决策，必然会以最大产量为目标，因此在生产过程中，不太会过多地考虑农产品价格对农业投入的影响。

## 4.2 典型农业供水工程农业水价调整对灌溉用水的影响分析

为了解湖北省襄阳市襄州区和枣阳市内鄂北地区水资源配置工程（简称鄂北工程）受水区农业灌溉基本情况、现行水价政策，以及对鄂北工程农业供水需求及农户的灌溉需水意愿和水费承受能力，本书选择两市（区）相关水管单位、受水区部分农户开展了典型调研，并根据调研结果对相关问题进行分析。

### 4.2.1 调研对象

鄂北工程主要农业受水区位于襄州区和枣阳市。本书作者组织专题调研，分别对两地水行政主管部门即水利局、10 个基层水管单位（枣阳市 7 个，襄州区 3 个）和 121 户农户进行调研，其中水利局主要采用座谈交流方式，基层水管单位采用座谈交流与问卷调查相结合的方式，农户主要采用问卷调查的方式。调研基本情况见表 4-3、表 4-4。

表 4-3　基层单位调研对象统计表

| 市（区） | 水管单位名称 | 数量/个 |
|---|---|---|
| 枣阳市 | 枣阳市吉河水库管理处 | 7 |
| | 东郊水库 | |
| | 枣阳市大岗坡灌区 | |
| | 沙河灌区用水者协会 | |
| | 石台寺泵站 | |
| | 油坊湾灌区 | |
| | 华阳河灌区 | |
| 襄州区 | 官沟水库服务中心 | 3 |
| | 襄州区熊河西干渠服务中心 | |
| | 襄州区黑清河水库服务中心 | |

为了尽量使调研数据具有代表性和真实性，在入户调查时，按照一个镇至少两个村，每个村至少 8 户调查规模开展。实际调研中共调研了 12 个乡镇 26 个村，一共走访 208 户农户。经对回收调查问卷统计分析，有效问卷数为 121 户，

占入户调查数的58%。121户农民用水户有效问卷统计情况见表4-4。

**表4-4 121户农民用水户有效问卷统计情况表**

| 序号 | 襄州区 | | | 枣阳市 | | |
|---|---|---|---|---|---|---|
| | 乡镇 | 村 | 有效入户数 | 乡镇 | 村 | 有效入户数 |
| 1 | 黄龙镇 | 方岗村 | 13 | 刘升镇 | 杨老湾村 | 5 |
| 2 | 黄龙镇 | 黄沟村 | 8 | 刘升镇 | 赵老湾村 | 5 |
| 3 | 石桥镇 | 前常村 | 4 | 鹿头镇 | 郭营村 | 5 |
| 4 | 峪山镇 | 武马岗村 | 6 | 鹿头镇 | 拾河村 | 5 |
| 5 | 峪山镇 | 樊岗村 | 4 | 七方镇 | 秦庄村 | 2 |
| 6 | 张家集镇 | 宋营村 | 6 | 七方镇 | 老街村 | 4 |
| 7 | 张家集镇 | 周垱村 | 5 | 七方镇 | 罗明村 | 1 |
| 8 | 朱集 | 罗庄 | 5 | 七方镇 | 安庄村 | 1 |
| 9 | 朱集 | 水田村 | 5 | 王城镇 | 付寨村 | 5 |
| 10 | 朱集 | 杨岗村 | 1 | 王城镇 | 周湾村 | 5 |
| 11 | | | | 吴店镇 | 春陵村 | 5 |
| 12 | | | | 吴店镇 | 西赵湖村 | 5 |
| 13 | | | | 兴隆镇 | 柏树村 | 5 |
| 14 | | | | 兴隆镇 | 大西村 | 4 |
| 15 | | | | 熊集镇 | 后营村 | 3 |
| 16 | | | | 熊集镇 | 熊集村 | 4 |
| 合计 | 5 | 10 | 57 | 7 | 16 | 64 |

### 4.2.2 调研内容

1. 农业水价综合改革推进情况

了解襄州区和枣阳市农业水价综合改革总体推进基本情况，包括供水成本核算、执行水价、水费收取和节水补贴等政策水平，并收集相关资料。

2. 鄂北工程受水区乡镇灌溉情况

了解承接（拟承接）鄂北工程农业供水任务的管理机构灌溉供水情况、水费收取、灌溉农业发展和工程引水情况，以及相关影响，并请相关水管机构填写调查表。

3. 受水区农户调研

选择鄂北工程受水区典型农户开展相关调研，了解自然农户、新型经营主体（农业大户、农业企业等）的灌溉用水情况和支付意愿，并请用水户填写调查表。

### 4.2.3 农户调研活动分析

1. 受水区农户对水价的认识

水费支出是农业生产的重要投入要素之一，随着农业税费改革，尤其是农业税全部取消后，在许多农户看来，水费成了目前农户向国家缴纳的唯一费用。许多地方的农户，甚至一些人大代表都呼吁减免农民的水费支出。在调研中发现，鄂北工程受水区尽管灌溉缺水问题严重，但灌溉水价改革和用水缴费还是存在一定误解；一是许多农户认为现在的农业水利工程大多是农户自身或者他们的父辈亲自修建的，因此不应该收水费；二是农业水费也应该像农业税那样免除；三是一些农户认为农业水费主要用于水管单位的人员费用，而很少用于水利工程的维修。调研中发现，受水区部分地方农业供水次序普遍比较混乱，农民用水得不到保障，因此农民自然对农业水价改革不满。此外，对部分农业大户或农业企业的调查也发现，这些用水大户尽管对水的需求更强迫，水费承受能力也更强，同样对水费收缴持一定的否定态度。根本原因在于现有低水价前提下，这些规模更大的用水户能够以较低的成本获得比普通用水户更便利的灌水条件。

2. 平均农业水费可承受能力估算

为分析农业受水区农户对农业水费的可承受能力，我们设计了相关调查问卷，2021 年 5 月 21 ~ 25 日，编制单位组织人员采用入户调查的方式，对襄州区、枣阳市受水区的农业用水户进行了问卷调查。

3. 调查活动基本介绍

**1）调查问卷设计**

本次调查设计了专门的农户调查问卷，主要包括基本信息、生产经营情况、灌溉基本情况、对供水灌溉相关认知、对农业供水补偿正常认知五个部分，调查内容见表4-5。调查活动涉及襄州区、枣阳市共12个乡镇、26个村的121户农户。收回的121份调查问卷均符合设计要求，我们对农户的分析也是基于这121份问卷。

**表4-5　农户调查问卷基本内容**

| 调查对象 | 主要内容 |
|---|---|
| 基本信息 | 家庭人口数、教育程度、从事农业的劳动力人数 |
| 生产经营情况 | 耕地面积、灌溉面积、种植情况、投入要素基本情况、产量、家庭收支情况 |
| 灌溉基本情况 | 灌水条件、灌水条件、灌溉次数、灌溉水量、灌水是否及时、灌水方式、灌溉水价情况 |
| 对供水灌溉相关认知 | 对供水满意情况、水价上涨是否愿意继续灌溉、水价上涨到承担不了是否会撂荒土地、愿意支付的最高农业水价 |
| 对农业供水补偿正常的认知 | 是否了解农业水价方面的补偿政策、当前农业水价补偿政策在实际执行中存在的问题、当政府最低补偿标准达到多少额度时应以继续灌溉 |

**2）调查农户特征分析**

在121份有效问卷中，来自襄州区有57份，枣阳市的有64份。调查的基本数据是以2020年全年为基础，121户农户家庭的基本特征见表4-6。

**表4-6　调研农户家庭基本特征统计表**

| 地区 | 家庭平均人口 | 家庭农业劳动力人数 | 人均耕地面积（含流转）/亩 | 人均耕地面积（不含流转）/亩 |
|---|---|---|---|---|
| 襄州区 | 4.14 | 2.44 | 6.83 | 6.04 |
| 枣阳市 | 4.53 | 2.73 | 15.56 | 7.43 |
| 平均 | 4.34 | 2.59 | 11.20 | 6.74 |

农户家庭人口统计是按户籍人口统计，包括常年在家人口和常年在外打工人

口，主要是考虑到在外打工人口的非农收入也被计算到家庭总收入中，并且许多家庭会将外出打工收入用于农业生产投资。根据调查显示，两地家庭平均人口规模为 4.34 人，家庭农业劳动力人数为 2.59 人；调查农户耕地若含流转部分，则人均耕地规模为 11.20 亩，枣阳市人均耕地是襄州区的 2.28 倍；若把流转部分调查户扣除的话，则还剩 70 户不存在土地流转，农户的人均耕地为 6.74 亩，枣阳市人均耕地是襄州区的 1.23 倍，两者差距明显缩小。

### 4.2.4 调查农户水费支出情况

1. 总体水费情况

从本次调查来看，目前农业受水区襄州区和枣阳市基本实行按亩收费，襄州区及枣阳市农业水费支出情况见表 4-7。

**表 4-7 襄州区和枣阳市实际农业水费支出情况** （单位：元/亩）

| 地区 | 农业水费 | 水稻 | 玉米 | 小麦 | 花生 | 果树 | 芝麻 |
|---|---|---|---|---|---|---|---|
| 襄州区 | 73.89 | 85.31 | 18.06 | 29.62 | 52.62 | — | — |
| 枣阳市 | 107.58 | 111.27 | 74.36 | 68.72 | — | 42.41 | 30.00 |
| 平均 | 98.14 | 104.78 | 50.70 | 49.08 | 52.62 | 42.41 | 30.00 |

根据对 121 户农户 2020 年农业水费支出情况的分析，枣阳市的农业水费较高，达到 107.58 元/亩；襄州区农业水费为 73.89 元/亩，仅为枣阳市的 68.7%。枣阳市整体亩均水费支出高，主要是由于枣阳市高耗水作物水稻种植比例高，水稻灌溉面积高达 91.7%，而襄州区水稻灌溉面积仅占 78.6%。

2. 水费支出与农户收入对比

就农业水费支出而言，两地户均农业水费支出占当地户均农业总收入的 3.72%，其中襄州区为 2.30%，枣阳市为 4.45%。两地农业水费支出均未超过农业总收入的 5%。就单个农户家庭而言，比例变化为 0 ~ 17.61%。其中，0 ~ 3% 的有 42 户，占总户数的 34.7%；3% ~10% 的有 73 户，占总户数的 60.3%；大于 10% 的农户有 6 户，占总户数的 5.0%。按照世界银行推荐的水费支出占家庭收入不超过3%为宜，则只有约1/3的农户达到了这个标准。这些情况也反映了一个基本事实：尽管受水区农业水价水平比较偏低，但与当地农户的农业收入情况相比，农业的水费负担还是相对较重（图4-3、图4-4）。

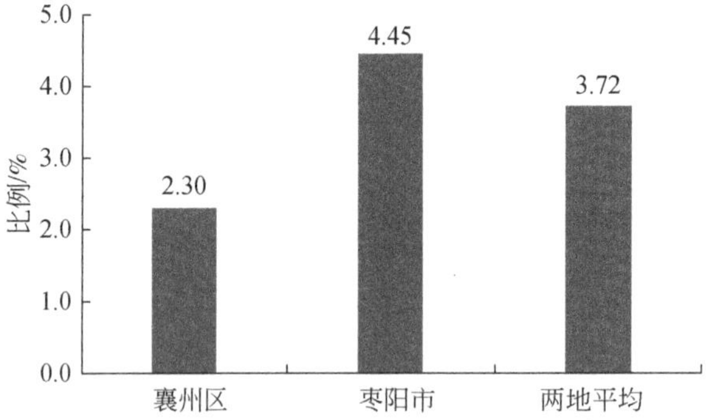


图4-3　两地农业水费支出占农业收入占比情况

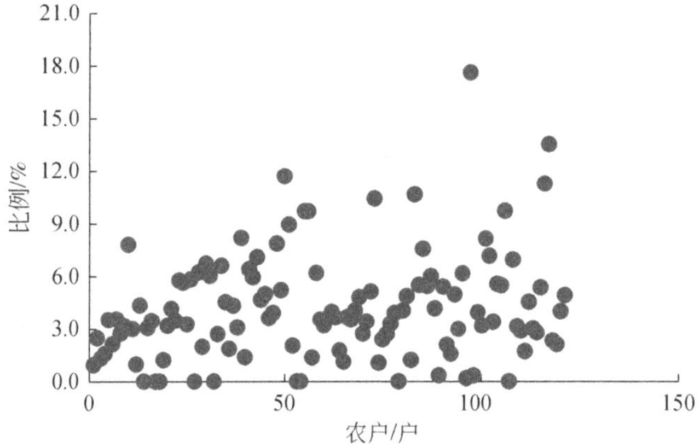


图4-4　两地农户户均水费支出占户均收入比例

## 4.2.5　调查农户对农业水价的承受能力分析

1. 调查农户对现行农业水价态度

为了了解农户对农业水价的承受能力，调查了农户对现行农业水价的态度，即认为目前的农业水价是偏高、一般还是偏低。

在 121 份有效调查问卷中，完整回答了该问题的有 110 份，占有效问卷的 90.9%。其中襄州区 49 份，枣阳市 61 份，统计结果见表 4-8。

**表 4-8　农民对于现行农业水价态度的统计**　　（单位：份）

| 区域 | 偏高 | 一般 | 偏低 |
| --- | --- | --- | --- |
| 襄州区 | 30 | 18 | 1 |
| 枣阳市 | 30 | 29 | 2 |
| 合计 | 60 | 47 | 3 |

统计结果表明，认为现行农业水价偏高的有 60 户，占 54.5%；认为农业水价价格一般的有 47 户，占 42.7%；认为价格偏低的只有 3 户，仅占 2.7%。

2. 农户的农业水价承受能力分析

**1）亩均农业水价承受能力**

农户的农业水价承受能力不仅与农户的收入水平有关，还与灌区的管理制度有关。因此，对“您所能承受的最高农业水价”的回答，变动幅度很大（表 4-9）。

**表 4-9　农户可接受的最高农业水价**　　（单位：元/亩）

| 区域 | 平均值 | 标准差 | 最大值 | 最小值 |
| --- | --- | --- | --- | --- |
| 襄州区 | 70.14 | 39.37 | 200 | 0 |
| 枣阳市 | 104.14 | 50.35 | 200 | 0 |
| 平均 | 88.12 | 48.57 | 200 | 0 |

两地农户最低可接受的最低农业水价均为 0，这一数字更多的是反映农户的一种心理意愿，而并非农户真实的承受能力。就两地来看，可承受的最高农业水价的最大值为 200 元/亩。分地区来看，襄州区农户可接受的平均最高农业水价为 70.14 元/亩，标准差为 39.37，其变化范围为 0～200 元/亩；枣阳市平均最高可承受农业水价为 104.14 元/亩，标准差为 50.35，其变化范围为 0～200 元/亩。

**2）单方农业水价承受能力**

根据调查资料统计的襄州区灌溉水量为 675$m^3$/亩，枣阳市为 671$m^3$/亩，两地平均灌溉水量为 673$m^3$/亩，根据农户可承受的亩均灌溉水费，测算出襄州区、枣阳市农户可承受单方农业水价分别为 0. 104 元/m³、0. 155 元/m³，农业受水区农户平均可承受单方农业水价为 0. 131 元/m³（表 4-10）。

**表 4-10　农民可承受单方农业水价（调研）**

| 受水区 | 灌溉用水量/（m³/亩） | 农户农业水价承受能力/（元/亩） | 农户农业水价承受能力/（元/m³） |
|---|---|---|---|
| 襄州区 | 675 | 70. 14 | 0. 104 |
| 枣阳市 | 671 | 104. 14 | 0. 155 |
| 平均 | 673 | 88. 12 | 0. 131 |

3. 农业水价变动对农户农业生产决策影响分析

为了了解农业水价上涨对农户农业生产决策的影响，设计了 4 个问题对农户进行调查：①若水价上涨是否愿意继续灌溉；②农业水价上涨到承担不了是否会撂荒土地；③当分配的水量不够用时，是否愿意购买别人的水；④若购买他人的水，认为增加原水价的多少是合适的。

**1）农业水价上涨对灌溉行为的影响**

对农业水价上涨是否愿意继续灌溉这个问题，在 121 份有效调查问卷中，只有 1 户未回答。对于农业水价上涨，仍愿意继续灌溉的农户有 65 户，占 54. 2%，其中襄州区有 31 户，枣阳市 34 户（表 4-11）。

**表 4-11　农业水价上涨对灌溉行为选择统计表**　　（单位：户）

| 区域 | 愿意继续灌溉 | 不愿意继续灌溉 |
|---|---|---|
| 襄州区 | 31 | 26 |
| 枣阳市 | 34 | 29 |
| 合计 | 65 | 55 |

对于分配水量不够时，是否愿意购买别人的水这个问题，在 121 份有效问卷中，完整回答该问题的只有 63 份，仅占有效问卷 52. 1%。调查结果见表 4-12。

**表 4-12　水量不够购买他人水的态度**　　（单位：户）

| 区域 | 无水权 | 愿意购买 | 不愿意购买 |
|---|---|---|---|
| 襄州区 | 1 | 26 | 9 |

续表

| 区域 | 无水权 | 愿意购买 | 不愿意购买 |
|---|---|---|---|
| 枣阳市 | 13 | 10 | 4 |
| 合计 | 14 | 36 | 13 |

调查结果表明，当分配水量不够时愿意购买别人水的农户有 36 户，占 57.1%；不愿意购买的农户有 13 户，占 20.6%；表示无水权的农户有 14 户，占 22.2%。调查表明大部分农户还是愿意去购买他人多余的水量来灌溉农作物的。

对于缺水时，愿意购买别人多余的水量来灌溉这种行为，还需进一步分析能接受的水价调整幅度情况，为此设计了若购买他人的水，认为增加原水价的多少是合适的这个问题进行调查。对于 121 份有效问卷，完整回答该问题的仅有 36 份，仅占 29.8%，还不到 1/3。调查统计结果见表 4-13。

调查结果表明，若购买他人的水，能接受增加原水价 5% 的户数最多，有 29 户，占到 80.6%；能接受水价增加 10% 的有 3 户，占 8.3%；能接受水价增加 20% 的农户仅 1 户；认为得保持原价的有 2 户，占 5.6%；有 1 户认为水价应该降低 10%，才愿意购买别人的水用于灌溉。

**表 4-13　农业水价调整幅度接受情况**

| 区域 | 调整幅度/% | | | | | |
|---|---|---|---|---|---|---|
| | -10 | 0 | 5 | 10 | 15 | 20 |
| 襄州区 | 1 | | 22 | 3 | | |
| 枣阳市 | | 2 | 7 | | | 1 |
| 合计 | 1 | 2 | 29 | 3 | 0 | 1 |

**2）农业水价上涨对农户种植的影响**

对农业水价上涨到承担不了是否会撂荒土地这个问题，在 121 份有效调查问卷中，完整回答该问题的有 115 份，占有效问卷的 95.0%。其中襄州区 56 份，枣阳市 59 份，统计结果见表 4-14。

统计结果表明，认为现行农业水价上涨到承担不了时，会撂荒土地的农户有 63 户，占 54.8%；不会撂荒土地的有 52 户，占 45.2%。不会撂荒土地 52 户中，农业水价进一步上涨之后，大多数农户的选择是种植耗水更少、效益更低的旱作物。就我们调查的地区来看，农业水价对于促进农业结构调整的作用并不明显。

**表 4-14　农业水价上涨是否会撂荒的户数统计**　　（单位：户）

| 区域 | 撂荒土地 | 不撂荒土地 |
|---|---|---|
| 襄州区 | 33 | 23 |
| 枣阳市 | 30 | 29 |
| 合计 | 63 | 52 |

# 4.3 小　　结

（1）就全国范围来看，我国农业水价有一定的上升，但与成本价格相比还有很大差距。尽管如此，农业价格的调整对节约用水的促进作用比较显著。但是，当前我国农业水价改革还不深入，许多灌区的灌溉水价调整工作还不到位，希望通过调整灌溉水价来促进节约用水的设想还需要进一步落实。

（2）农业水价的变动能显著影响灌溉用水量的变动。从灌区的角度横向和纵向比较，结果证明农业节水对农业水价变动的反应机制，即农业水价的变动能够有效地促进农业节水。

（3）对农户的分析发现不仅价格水平显著影响着灌溉行为，采用农业节水技术的影响也很显著，但农业节水技术的推广必须解决好成本投入、技术培训和组织实施等问题。

# 第5章 基于农业供水分担机制的农业供水补偿研究

## 5.1 农业供水过程中的补偿问题探讨

第2章从农户的视角分析灌溉用水成本（水价变动）对灌溉决策行为的影响，以及这种影响所导致的区域社会福利的变化，从而解释了为什么在灌溉行为中需要政府（社会公众）对灌溉工程进行补偿。但是灌溉供水补偿不是简单的经济补贴，而是从制度上、运行机制上着手，通过投入体制、管理体制的创新，引入市场化管理理念，应用政策工具、市场手段等方式来消除灌溉供水的总成本和农户应该承受的用水成本之间的差异，并形成长期有效的激励机制，以确保农业供水工程实现长期效益。对一个整体上存在水资源供需矛盾的区域来说，在经济社会发展过程中面临非农业用水不断挤压农业用水的状况下，农业用水的一般战略都是在保持总量不变或略有下降的前提下保证有效灌溉面积规模的不断扩大，以保障区域粮食安全所需。对于地区而言，需要不断提高农业供水能力和供水效率，对于农民用水户而言则需要提高田间用水效率。因此，农业供水的补偿问题需要考虑两个方面，即对农民用水成本的补偿和对地区供水成本的补偿。

### 5.1.1 对农民用水成本的补偿

农民用水户在面临供水成本增加和用水效率提升的压力面前，必须要考虑节水技术间接成本和水费支出的直接成本。

1. 对农业节水采取扶持政策，降低农民农业节水的准入门槛

农业节水的实现也是农业生产条件的重大改善，因此，国家可以对农业节水

给予补贴，从而使农民不必承担因为农业节水生产方式而带来的节水技术成本问题。农业节水的实现主要包括节水种植技术的推广应用和节水灌溉设施的采用。为了实现农业节水，一方面，政府可以组织有关力量对农民进行免费技术培训，通过技术培训让农民掌握节水种植技术；另一方面，对于节水灌溉设施的建设和推广，也可以当作农田基本水利设施建设，国家对其进行补贴。加入 WTO 以后，我国对农业的扶持将更多地寻求从“黄箱”政策往“绿箱”政策转变①。根据 WTO 的相关规定，对农民进行技术培训以及进行农田基本水利设施建设正属于“绿箱政策”部分，对其补贴是不受限制的。

2. 合理制定农业水价改革政策，确保发挥价格的调节机制

水价的确定要本着既能促使农民节约用水又不能因为水资源使用成本过高而影响农民生产活动的积极性的原则。我国现行农业水价政策是鼓励采用两部制水价和阶梯水价定价机制来促进农民节约用水和保障农业生产。两部制水价由基本水价和计量水价构成。根据我国现行的《水利工程供水价格管理办法》，基本水价按补偿供水直接工资、管理费用和 50% 的折旧费、修理费的原则核定。计量水价按补偿基本水价以外的水资源费、材料费等其他成本、费用，以及计入规定利润和税金的原则核定。对于农业供水而言，基本水价基本上能保证灌溉供水工程最低运行维护要求，而计量水价可有效调节用水行为。在探讨对农民用水成本的补偿问题时，可根据不同情况进行分别对待。合理的农业水价改革政策在确保维持基本灌溉功能的基础上，应该根据灌溉所承担的多功能性，提出相应的分担和补偿机制。对农民用水户而言，理论上来说，只应该承担生产所需的灌溉用水；而对区域生态功能和技术进步等其他功能，应该由公众承担。对于农民用水户供水成本的补偿，也可以结合基本水价和计量水价开展。补偿基本水价可维持供水工程的基本运作，补偿计量水价可以调节用水户的用水行为并促进其节水意识的提升。

---

① WTO 反对由于价格补贴造成的农产品价格扭曲。对农产品贸易没有产生影响或仅产生微小扭曲的补贴属于“绿箱”政策。“黄箱”政策是指政府对农产品的直接价格干预和补贴，包括对种子、肥料、灌溉等农业投入品的补贴，对农产品营销贷款的补贴等。

## 5.1.2 对地区供水成本的补偿

无论是国内还是国外，农业供水一般都按补偿成本的原则定价。但在核算农业供水成本时，又分为运行维护成本和全成本水价。农业供水工程，尤其是骨干工程的修建需要大量的投资，如果将这部分投资也核算到执行水价中，其水平将远超农民的心理承受能力。此外，在区域上通过提高供水的能力和效率，在理论上能有效降低单位用水水平，提高节水能力。节约的水量除了用于提高灌溉供水保障程度，还可以为工业、生活和生态等其他行业用水提供可能。这种可能一方面是农业供水工程产生的综合效益，另一方面可能是牺牲农业水权为代价。因此，从供水环节探讨对农业供水的补偿，需要解决以下两个问题。

1. 进一步完善公共投资体系，加大区域节水设施改造的投资力度

修建和完善农业供水工程，农田水利设施是为整个地区服务的，对改善农业生产条件，提高农业水资源利用效率，以及保护生态环境有着重要的作用和贡献，具有明显的公共产品属性，因此，骨干供水工程的投资和修建往往由代表区域综合利益的公共财政投入为主。

2. 明确水权，完善水权交易机制

农业节水的主要目的就是通过提高农业水资源的利用效率，从而实现将部分水资源从农业领域向其他领域转移，以支撑国民经济的可持续发展。农业节水实现后，区域在将原本属于自己区域内农业利用的部分水资源向其他部门或地区转移，在这个过程中必然会要求对这部分水资源进行补偿，而水权的界定和水权交易机制的建立则可以从根本上实现区域农业节水行为的补偿。

产权理论告诉我们，产权因其具有强制性、排他性和可收益性从而使其在市场条件下的资源配置中实现资源配置的帕累托最优。无论资源配置的初始状态如何，只要产权界定是清晰和明确的，就可以实现最优配置。如果引入水资源交易机制，界定清晰的水权，则可以实现区域农业节水的补偿。一方面，水权的严格排他性和受保护性使得其他区域或部门不能随意地侵占区域采用农业节水后节约的部分农业水资源量；另一方面，由于该区域对剩余部分农业水资源具有处置权和收益权，因此可以将剩余水资源按照水资源市场的价格向其他部门或地区出

售，而不必担心得不到补偿。

# 5.2 鄂北工程农业供水规划概况

## 5.2.1 工程概况

1. 工程修建背景

鄂北地区年径流深仅为200～450mm，且年际变化大。人均水资源量为612～1072m$^3$，属于水资源紧缺区。受水区内已建蓄水工程7万多处，唐东地区、随州府澴河北区水资源开发利用率分别为63%、47%，水资源开发利用的工程措施已修建到极致。特殊的地理位置所形成的区域水资源条件，致使鄂北地区成为湖北省历史上有名的“旱包子”。近年来随着区域城镇化进程的加快，城镇供水挤占农业灌溉用水和生态环境用水的现象日益严重，旱灾频繁。水资源供需矛盾已严重制约粮食生产、生态环境、经济发展和社会稳定，是鄂北地区最直接、最现实和最紧迫的民生问题。为维持社会经济快速发展，当地通过挤占农业灌溉和生态用水的方式，进一步恶化了地区水资源状况。为从根本上解决鄂北地区干旱缺水现状，湖北省规划实施鄂北地区水资源配置工程，以南水北调工程为依托，在确保调水规模不受影响的前提下，通过调剂汉江中下游河道外用水量，实现区域水资源优化配置，增强区域水资源调控能力。

2. 工程简介

鄂北工程以丹江口水库为水源，主要水系有汉江支流唐白河和府澴河，分属唐白河流域下游和府澴河流域上游，工程利用已建的湖北省引丹灌区清泉沟隧洞进水闸为取水口，渠首设计引水流量为38m$^3$/s，工程多年平均引水量为7.70亿m$^3$，向沿线城乡生活、工业和唐东地区农业供水，解决鄂北地区干旱缺水问题。

鄂北工程线路整体呈西北—东南方向，先后穿越襄阳市的老河口市、襄州区，枣阳市，随州市的随县、曾都区、广水市，以及孝感市的大悟县。工程规模为Ⅱ等大（2）型，主要建筑物级别为2级，次要建筑物为3级。线路总长度为269.34km，输水干渠设计流量为38.0～1.8m$^3$/s，各渠段设计流量见表5-1。

表 5-1 各渠段设计流量

| 序号 | 渠段 | 分段桩号 | 设计流量/($m^3/s$) |
|---|---|---|---|
| 1 | 渠首—官沟分水口 | 0+000-97+700 | 38.0 |
| 2 | 官沟分水口—刘桥分水口 | 97+700-108+300 | 36.2 |
| 3 | 刘桥分水口—吉河干渠分水口 | 108+300-119+590 | 31.5 |
| 4 | 吉河干渠分水口—东郊分水口 | 119+590-C2k129+765 | 28.6 |
| 5 | 东郊分水口—华阳河分水口 | C2k129+765-140+430 | 26.7 |
| 6 | 华阳河分水口—封江口分水口 | 140+430-182+270 | 20.2 |
| 7 | 封江口分水口—先觉庙分水口 | 182+270-207+490 | 11.6 |
| 8 | 先觉庙分水口—余店镇分水口 | 207+490-217+165 | 9.5 |
| 9 | 余店镇分水口—广水应山城区分水口 | 217+165-242+145 | 7.4 |
| 10 | 广水应山城区分水口—霞家河分水口 | 242+145-264+140 | 3.5 |
| 11 | 霞家河分水口—王家冲水库 | 264+140-269+180 | 1.8 |

受水区蓄水工程有水库 678 座，兴利库容为 18.17 亿 $m^3$，塘堰约有 7.03 万座，总容积为 2.28 亿 $m^3$。其中大型水库 8 座，兴利库容为 8.08 亿 $m^3$；中型水库 38 座，兴利库容为 6.98 亿 $m^3$；小型水库 632 座，兴利库容为 3.11 亿 $m^3$。引水工程 2 处，设计引水流量分别为 10.7$m^3/s$ 和 4$m^3/s$。提水工程主要集中在唐东地区，主要以唐河、白河和滚河为水源，以农业灌溉为主。

鄂北工程进口新建取水塔控制闸后水位为 147.7m，干渠终点水位为 100.0m，建筑物包括明渠、暗涵、隧洞、倒吸虹、渡槽、节制闸、分水闸、检修闸、退水闸等建筑物（图 5-1 ~ 图 5-5）。

图 5-1 清泉沟取水口

图 5-2　孟楼倒虹吸进口检修闸

图 5-3　熊河节制闸

图 5-4　明渠（桩号 19+960）

图 5-5　明渠（桩号 112+465）

根据分水口门布置，总干渠总共有 24 个分水口门，分别给 27 个受水单元供水，扣除干渠输水损失后，净分水水量为 7.30 亿 $m^3$。引水干渠设置节制闸 19 处，分水闸（阀）17（1）处、退水闸 11 处、检修闸 11 处。

3. 工程管理和运行

鄂北调水工程线路长，沿线各类建筑物分布繁多，运行管理工作量较大，为保证工程顺利建设和良性运行，实行“政府主导、建管一体、统一调度、分级管理、管养分离”的管理体制。鄂北地区水资源配置工程建设与管理局行政隶属湖北省人民政府，资产权属省人民政府，下设县（市、区）级管理机构，负责各区段工程建设、管护和运行调度。工程沿线设立取水口管理处、封江口水库管理处、老河口市管理处、襄州区管理处、枣阳市管理处、随县管理处、曾都区管理处、广水市管理处、大悟县管理处共 9 个管理处（图 5-6）。

4. 鄂北地区供水管理

根据《供水管理条例》，鄂北地区水资源配置工程水费用于工程的运行、维护和管理。定价实行基本水价和计量水价两部制水价。

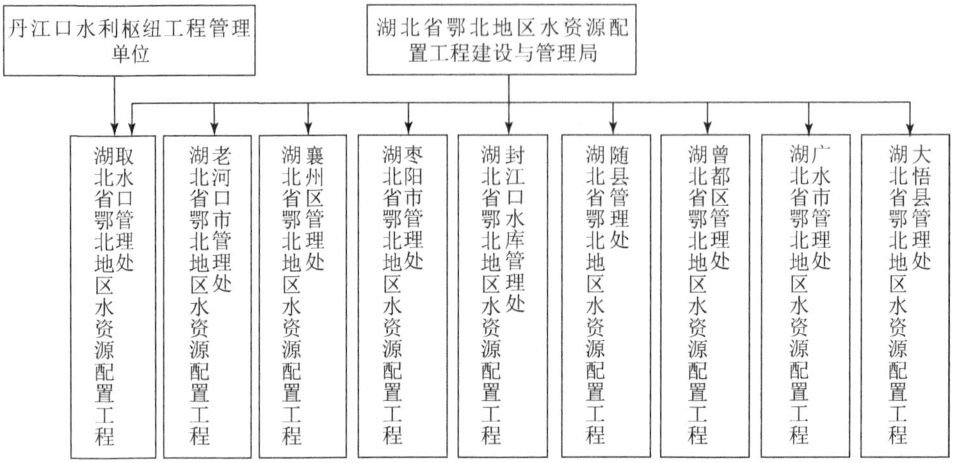


图 5-6　鄂北地区水资源配置工程建设与管理局组织机构框架图

## 5.2.2　农业受水区灌溉用水需求现状

1. 农业受水区构成

鄂北工程农业受水区范围包括襄阳市的襄州区和枣阳市。鄂北工程襄州段长 52.16km，涉及石桥、黄集、古驿、朱集、程河等 5 镇 26 个村，设置 6 个分水口，包括 3 个正常分水口和 3 个应急分水口。

鄂北工程襄州区内的受水区包括石桥、黄集、伙牌、古驿、朱集、程河、双沟、张家集、黄龙、峪山等 10 个镇，其中黄龙和峪山镇为严重缺水镇，有效灌溉面积为 30 万亩，且需要鄂北二期工程配套建设提灌站以保证正常用水。朱集、程河、双沟、张家集 4 个镇为一般缺水，其余 4 个镇不缺水，鄂北工程为这 8 个镇的补充水源，除非遇到严重干旱，否则不会使用鄂北工程的水。

由于枣阳市没有过境大江大河，也没有可调配水资源，农业用水只能通过域内水库和塘堰蓄水，遇到干旱年，水库无水可放，因此枣阳市农业生产严重缺水，整个枣阳市都是鄂北工程的农业受水区。

2. 农业用水需求情况

鄂北工程农业受水区范围内包括大中型灌区 21 处，总设计灌溉面积达 221.4

万亩，根据各作物灌溉定额、灌区灌溉水利用系数，经测算，襄州区农业毛灌溉需水量为 3.47 亿 $m^3$，枣阳市毛灌溉需水量为 8.99 亿 $m^3$。

鄂北工程受水区部分区域干旱缺水，加上土壤沙化严重，用水方式粗放及节水意识缺乏，农业需水存在较大缺口。鄂北工程的建设将使襄州区黄龙、峪山、石桥、黄集、伙牌、古驿、朱集、程河、双沟、张家集等 10 个镇受益，特别是长山地区的黄龙、峪山等镇的水利死角，工程的建设可恢复灌溉面积为 39.4 万亩。

### 5.2.3 受水区农业水价改革与水费收取现状

根据“湖北省鄂北地区水资源配置工程供水水价研究”初步测算，要覆盖工程全成本、准许成本和运行维护成本的农业供水价格分别为 0.836 元/$m^3$、0.483 元/$m^3$和 0.353 元/$m^3$。但实际上，工程受水区农业提水灌溉水价现状为 0.077～0.182 元/$m^3$，平均水价为 0.15 元/$m^3$；水库灌区灌溉水价为 0.046～0.049 元/$m^3$，平均水价约为 0.05 元/$m^3$，即便与测算的运行维护价格相比，现行农业灌溉用水价格水平明显偏低，两者比值最低仅为 0.14，最高也只达到 0.52。农业灌溉具有促进农业生产、美化景观、环境净化等多功能性，加之农民经济可承受能力相对较差等客观现实，决定了农民不应完全承担用水成本，尤其是调水工程独特性导致的高额运行维护成本。但是维持基本的工程运行维护经费和人员经费是工程持续性运行的基本保障。

### 5.2.4 存在的问题

1. 农业执行水价偏低

目前，襄州区和枣阳市农业执行水价都偏低。襄州区农业用水价格执行的是 2005 年襄阳区物价局、水利局《关于下达襄阳区 2005 年度农业供水价格的通知》（襄价字〔2005〕19 号）中规定的农业供水价格及计收标准，即价格构成为基本水价和计量水价，基本水价为 2 元/亩，计量水价（自流灌溉计量到支渠口）为 0.044 元/$m^3$。而 2020 年襄州区选取灌溉模式与鄂北供水工程相似的官沟水库灌区进行灌溉，农业成本水价为 0.09 元/亩。枣阳市农业执行水价为 0.0996 元/

$m^3$，其中基本水价为0.0452元/$m^3$，计量水价为0.0544元/$m^3$。

襄州区和枣阳市农业执行水价存在成本倒挂问题，加上水费收取率低，水费未纳入财政预算，水利部门亏损运行，员工待遇低，工作积极性差。

2. 农业用水量大，用水方式粗放

当前襄州区农业灌溉定额为592$m^3$/亩，枣阳市农业灌溉定额为700$m^3$/亩。由于两地多为沙土田，导致农业生产实际用水量高于灌溉定额。其中，襄州区农业生产实际用水量在1000$m^3$左右，枣阳市农业生产实际用水量在1200$m^3$左右。加上采取的灌溉方式多为大水漫灌，水费按亩计收，用水户普遍缺乏节水观念，用水效率低，水资源浪费严重。

3. 水费计收困难

目前，襄州区只有襄北地区能收上农业水费，每年水费收缴额为20万~30万元，水费总体实收率为60%~70%。水费主要委托村干部或者管水员收取，且村委或用水户协会有30%的水费留成。当前，受水区用水户缴费意愿低，普遍不愿意缴费，遇干旱年份，为确保粮食安全，地方水管部门不得不放水，导致不缴水费已成为常态。

4. 农作物种植效益差

襄州区和枣阳市农作物种植以小麦和玉米为主，也有部分地区种植水稻，经济作物种植比例很低，农作物种植效益普遍较低，用水户水价承受力较弱。加上近些年连续干旱，当地外出务工人员增加，老百姓普遍选择工序简单省工的农作物种植，对于效益好些的经济作物，种植面积很小。

## 5.3 基于利益相关方分析的农业供水成本分担机制

### 5.3.1 鄂北工程农业供水利益相关方

利益相关方是指在组织的决策或活动中有重要利益的个人或团体，利益相关者能够影响组织，其意见可作为决策时考虑的重要因素。所有利益相关者不可能对所有问题保持一致意见，其中一些群体要比另一些群体的影响力更大，如何平衡各方利益成为战略制定时需要考虑的关键问题。虽然鄂北工程农业供水的直接受益户是农业灌溉用水户，但通过灌溉供水行为的价格定价和形成机制不能单纯基于需求-供给均衡的生产成本定价理论。从鄂北工程供水环节来看，大致包括农业灌溉供给方、农业灌溉需求方、公共利益代表和间接受益方，他们共同构成了鄂北农业供水利益相关方。鄂北工程农业供水利益相关方关系构成见图 5-7。

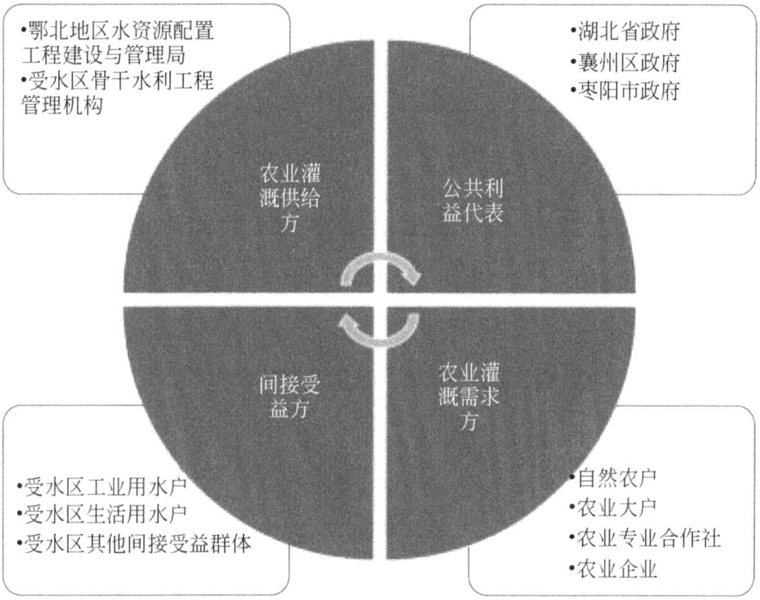


图 5-7　鄂北工程农业供水利益相关方

1. 农业灌溉供给方

考虑到受水区农民用水合作组织或其他专业合作组织本身代表灌溉用水户的利益，因此在利益相关方中的农业灌溉供给方主要包括水源供给方（鄂北地区水资源配置工程建设与管理局）和中间输配水组织方（受水区骨干水利工程管理机构）。

鄂北地区水资源配置工程建设与管理局主要代表鄂北水资源配置工程，负责运行维护鄂北工程，组织将灌溉用水从水源地调配到农业受水区的工程分水口。

根据我国现行农业供水定价相关政策，鄂北工程的农业供水功能主要体现在公益性和非营利性。因此从单位性质来看，无论鄂北地区水资源配置工程建设与管理局是以公益性水管单位运行鄂北工程还是未来可能改制为企业，其承担的农业供水功能都只能界定为公益属性，鄂北地区水资源配置工程建设与管理局对农业供水的价格制定和执行主要应以补偿供水成本的原则开展，即主要考虑运行维护成本和银行贷款分摊成本。

受水区骨干水利工程管理机构负责将鄂北工程配置的农业灌溉水源利用辖区内的灌溉调蓄设施和输配水系统输送到斗口，也需要承担运行维护成本，即“两费”，指公益性工程的维修养护费用和人员费用。“两费”的主要来源应该由水费承担。

2. 农业灌溉需求方

农业灌溉需求方主要指受水区农业灌溉用水户。按用户形态类别分，包括传统的自然农户、基于土地流转规模形成的农业大户、农业专业合作社以及农业企业等。不同形态的需求方，对灌溉用水的需求及用水成本的敏感程度差别较大。随着经济社会发展，自然农户从农业种植中的收益逐渐弱化，农业行为很多时候是一种习惯而不是一种职业，小规模生产和农业收益偏低决定了自然农户的灌溉水费承受能力偏弱，他们对水价的敏感程度相对也较大。农业大户、农业专业合作社和农业企业等新型农业经营主体的农业生产行为主要目的是在市场中获得利润，农业灌溉的及时性和稳定性是保证他们农业生产的必备条件之一，相应地因为规模优势，其对水价的承受能力也相对较强。

3. 公共利益代表

公共利益代表主要是与鄂北农业供水相关的各级政府，包括湖北省政府、农业受水区襄州区政府和枣阳市政府。从省级政府角度而言，实施鄂北工程是实现全省水资源的优化配置、提高全省水资源利用效率、提升全省经济社会发展和水生态文明建设的用水保障的关键举措。从受水区政府而言，因为增加了灌溉水源，改善受水区农业灌溉和生态用水条件，使受水区生活、工业供水保证率达到95%，农业灌溉保证率达到70%～80%；此外通过增加农业供水，有效弥补受水区长期被非农产业挤占的农业用水权益，进一步保障地区社会经济发展所需的生活和工业生产用水。因此，受水区政府所获得的效益是涵盖经济、社会和生态环境综合效益。

4. 间接受益方

与农业灌溉用水户的直接受益相比，间接受益方主要是农业受水区内的工业、生活等用水户。间接受益方因为受水区农业供水保障程度的增加，间接增加了自身的供水保障程度。

## 5.3.2 农业灌溉的公共属性与利益相关方关系辨析

从农业灌溉供需双方及其他利益相关方之间的联系分析，农业灌溉用水是一种特殊的商品，具有一定的公益性和外部性。在理性的市场供求关系中，即商品一旦被交换，就具有排他性。但农业灌溉行为却具有明显的非排他性和公益性。普通地面灌溉的灌溉水有效利用系数合理值不会超过0.60，高效节水灌溉方式会高一些，也就意味着灌溉水从水源地到田间，会因为渗漏或蒸发等方式损失，这就使得农户购买灌溉水源灌溉的过程也是灌溉用水通过灌排系统在区域内参与水循环的过程，不仅满足灌溉用水购买者农田作物需水要求，还应满足水循环过程中通过地下水回补、灌溉回流和蒸腾蒸发等环节补充区域生态用水需求。这一过程体现了灌溉行为的公益性和非排他性。农户单纯的灌溉行为不仅自身受益，还会通过补充地下水或回流河道，使得区域内其他用户受益。正是农业供水的非排他性和公益属性，决定了农户的付费灌溉行为承担了相当一部分自己并没有获得的价值损耗，这部分损耗应该由利益相关方共同分担。

## 5.3.3 鄂北工程农业水价分担机制

鄂北工程农业供水功能具有很强的公益性和非排他性，根据工程农业供水利益相关方分析，涉及直接受益方农业用水户、间接受益方、供水方和湖北省政府以及受水区地方政府。根据谁受益、谁担责的原则，利益相关方应通过建立合理的分担机制，实现农业供水的补偿成本目标。

农业水价分担机制是指为了发挥价格合理配置水资源的作用，保持农业、水利可持续发展，兼顾农民、供水单位和其他用水主体的利益，由政府、农民、其他用水受益主体共同分担供水成本或水费的机制。农业水价分担机制的核心是，在坚持水价补偿供水成本、发挥价格调节作用的前提下，对灌溉用水成本和水费实行多方承担，发挥公共财政和社会单位分担水价的作用，反映灌溉用水的受益者共同分担供水成本的经济利益关系。

# 5.4 农业供水成本核算

## 5.4.1 农业水价构成

鄂北工程对农业受水区的灌溉供水从供水环节上涉及三个部分：鄂北工程、受水区骨干（国管）工程和田间输配水（群管）工程。鄂北工程输配水环节见图5-8。每个环节的管理主体是清晰界定，且上下衔接的。鄂北地区水资源配置工程建设与管理局负责将灌溉需水由水源地输送到受水区的分水节点，通过分水口按计划向农业受水区蓄水设施或干支渠分水；当地水管部门（县水利局水管站或工程管理单位）负责从分水节点（含需水设施）通过干支渠将灌溉需水向田间输配，在这一过程中，水管单位会综合考虑调水水源和本地水源的综合配置和优化；农民用水合作组织或用水户等群管单位负责本用水范围内的灌溉管理行为。从供水环节来看，鄂北工程农业供水全环节成本应包括三个部分：鄂北工程农业供水成本、受水区骨干工程供水成本和田间输配水工程供水成本。农业终端水价制改革要求农户从源头到地头只承担一个水价。终端水价一般采用二级核算和管理，即国有水管单位供水管理界限在支渠出口，以斗渠进口计量售水；斗渠、农渠末级渠系供水管理由协会承担，进行末级区间的供水管理，按农渠进口或便携式梯形量水堰计量结算，直接向农户收费。供水价格实行灌区国有水管单位支渠出口单方水价与斗农末级渠系维护费单价之和，采用终端水价“一价到户”。就鄂北工程农业供水而言，按终端水价构成来看，工程受水区农业终端水价包括三个部分：

$$P_{终端}=P_1+P_2+P_3 \tag{5-1}$$

式中，$P_{终端}$为农业受水区终端水价，即将农业灌溉水量由水源地经过鄂北工程、本地骨干工程和田间工程三个环节，最终输配到田间灌溉的水价；$P_1$为鄂北工程环节农业供水本水价，即从水源地到农业受水区分水点的供水水价；$P_2$为受水区本地国管工程水价；$P_3$为受水区群管组织灌溉供水行为发生的供水成本水价。根据《水利工程供水价格管理办法》，农业供水价格按补偿供水生产成本费用的原则核定，不计利润和税金。式（5-1）中终端水价和分环节水价可视为相应环节农业供水成本。

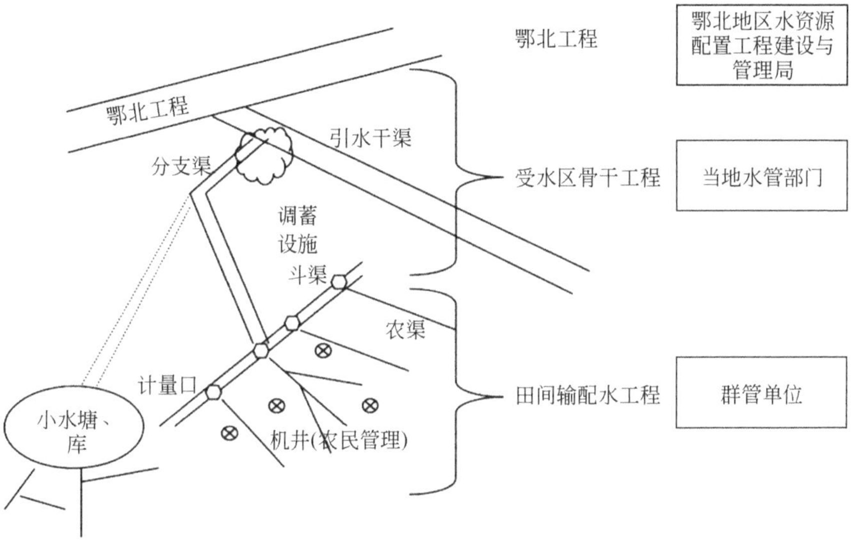


图 5-8　鄂北工程输配水环节示意图

## 5.4.2　农业供水成本复核

### 1. 鄂北工程农业供水成本复核

**1）工程投资**

鄂北工程设计总投资 1805719 万元。其中中央资金 585550 万元，省级资金 898045 万元（企业资本金 188416.55 万元，政府资本金 709628.45 万元），银行贷款 322124 万元（本金 291040 万元，建设期利息 31084 万元）。资本金 1483595 万元，占总投资的 82.16%，贷款 322124 万元，占总投资的 17.84%。

**2）工程供水成本费用**

工程总成本费用包括工程维护费、职工薪酬、管理费、水资源费、其他费用、固定资产保险费、折旧费和财务费用等。年运行费为除折旧费和财务费用外的成本费用，包括工程维护费、职工薪酬、管理费、水资源费、直接材料费、其他直接支出（年租用公网及信息共享费用）、其他间接费用、固定资产保险费等。

a. 工程维护费

工程维护费包括日常维修养护费和大修理费。日常维修养护费以扣除占地淹没补偿费用的固定资产原值百分比计（明渠 1%，渡槽 1%，暗涵 1%，隧洞 1%，倒虹吸 0.3%，其他 1%），为 4527 万元/a。根据《水利工程供水价格核算规范》（水财经〔2007〕470 号），大修理费按固定资产原值的 1.4% 计，为 25280.07 万元/a。

b. 职工薪酬

根据水利部批复的《湖北省鄂北地区水资源配置工程初步设计报告》，鄂北工程岗位定员编制 283 人。根据鄂北地区水资源配置工程建设与管理局（以下简称“鄂北局”）2020 年财务决算在岗职工平均工资为每人每年 170487 元计，工资附加费按 64.9% 计（职工福利费 14%、工会经费 2%、职工教育经费 1.5%、养老保险费 16%、医疗保险费 8%、工伤保险费 0.7%、生育保险 0.7%、失业保险费 2%、住房公积金 12%、职业年金 8%）。职工薪酬为 7956.07 万元/a。

c. 管理费

管理费包括水利工程管理机构的差旅费、办公费、审计费、诉讼费、排污费、绿化费、业务招待费、坏账损失等。根据《水利建设项目经济评价规范》，水库工程成本测算费率管理费按工资总额的 1 ~ 2 倍计提，本次按直接工资的 1.5 倍计提，管理费为 11934.10 万元/a。

d. 水资源费

根据湖北省水资源费征收标准《关于水资源费征收标准及有关问题的通知》（鄂价费〔2009〕168 号）和《关于调整水力发电和工业生产水资源费征收标准的通知》（鄂价环资规〔2013〕186 号）：按多年平均取水量计征，地表水收费标准为工业生产为 0.15 元/$m^3$，生活和自来水厂为 0.05 元/$m^3$，农业用水不计水资源费。水资源费为 6198.10 万元/a。

e. 直接材料费

直接材料费包括材料费、原水费。材料费根据《水利建设项目经济评价规范》取固定资产原值的 0.1% 计，为 1805.72 万元/a。

根据《国家计委关于核定丹江口水库供水价格的通知》（计价格〔2000〕1250 号）和水利部长江水利委员会《丹江路水利枢纽工程水费计收暂行办法》，

工业及生活用水 0.024 元/$m^3$，农业用水 0.012 元/$m^3$，原水费为 1613.09 万元/a。

f. 其他直接支出

其他直接支出为年租用公网及信息共享费用，根据省水利厅批复的《湖北省鄂北地区水资源配置工程自动化调度运行管理系统》，公网租用费为 355 万元/a。

g. 其他间接费用

根据《水利建设项目经济评价规范》，其他间接费用按材料费、日常维修养护费和工资薪酬及附加的 10% 计，为 1428.88 万元/a。

h. 固定资产保险费

固定资产保险费为非强制性险种，有经营性收入的水利工程在有条件的情况下可予以考虑，根据《水利建设项目经济评价规范》按固定资产原值的 0.25% 计，为 4514.30 万元/a。

i. 固定资产折旧费

采用综合折旧率 2.5% 按年平均提取，固定资产折旧费为 45142.98 万元/a。

j. 财务费用

贷款总额 27 亿元，贷款利息执行固定利率，即按年利率 1.2% 计息。

2015 年 9 月 16 日，国家发改委将鄂北工程纳入第二批专项基金使用范围，安排专项建设资金贷款 12 亿元。2015 年 10 月 23 日，鄂北局与国开发展基金有限公司、国家开发银行股份有限公司签订了《国开发展基金借款合同》，贷款金额 12 亿元，自 2019 年 10 月 27 日起开始还款，至 2035 年 10 月 26 日止，还款期限 20 年。2016 年 2 月，国家发改委在第五批（2016 年第一批）专项建设基金中再次安排专项基金贷款 15 亿元。2016 年 3 月 14 日，鄂北局与国开发展基金有限公司、国家开发银行股份有限公司签订了《国开发展基金借款合同》，贷款金额 15 亿元，自 2020 年 3 月 14 日起开始还款，至 2036 年 3 月 13 日止，还款期限 20 年。经测算，还贷期内前五年均应支付利息为 2702.60 万元/a。

鄂北地区水资源配置工程总成本费用 113458 万元/a，其中运行费为 65612 万元/a，总成本费用详见表 5-2。

**3）农业供水成本费用**

a. 农业供水分配系数

根据《湖北省鄂北地区水资源配置工程初步设计报告》，鄂北地区水资源配置工程城乡生活和工业供水保证率为 95%，农业灌溉保证率为 70% ~80%（本次暂取 70%）。

$$农业供水分配系数=\frac{A\times A'}{A\times A'+B\times B'}$$

式中，$A$ 为年农业供水量；$B$ 为年非农业供水量；$A'$为农业供水保证率；$B'$为非农业供水保证率。

$$农业供水分配系数=\frac{19584\times 0.7}{19584\times 0.7+（24149+33271）\times 0.95}=0.201$$

**表 5-2　鄂北工程总成本费用计算表**

| 项目 | 费率 | | | | | | 计算基数 | 费用（万元/a） |
|---|---|---|---|---|---|---|---|---|
| | 输水工程 | | | | | 其他 | | |
| | 明渠 | 渡槽 | 暗涵 | 隧洞 | 倒虹吸 | | | |
| 日常维修养护费 | 1.0% | 1.0% | 1.0% | 1.0% | 0.3% | 1.0% | 扣除占地淹没补偿费用的固定资产原值 | 4527.00 |
| 大修理费 | 1.4% | | | | | | 固定资产原值 | 25280.07 |
| 直接材料费 | | | | | | | | 3418.81 |
| 其中：材料费 | 0.1% | | | | | | 固定资产原值 | 1805.72 |
| 原水费 | 工业及生活用水 0.024 元/$m^3$，农业用水 0.012 元/$m^3$ | | | | | | 毛水量 | 1613.09 |
| 职工薪酬 | 164.90% | | | | | | 工资总额 | 7956.07 |
| 管理费 | 1.5 倍 | | | | | | 职工薪酬 | 11934.10 |
| 水资源费 | 工业生产 0.15 元/$m^3$，生活和自来水厂 0.05 元/$m^3$ | | | | | | 毛水量 | 6198.10 |
| 其他直接支出 | 公网租用费 355 万元/a | | | | | | | 355.00 |
| 其他间接费用 | 10% | | | | | | 日常维修养护、材料费和工资薪酬之和 | 1428.88 |
| 固定资产保险费 | 0.25% | | | | | | 固定资产原值 | 4514.30 |
| 折旧费 | 2.50% | | | | | | 固定资产原值 | 45142.98 |
| 财务费用 | | | | | | | | 2702.60 |
| 总成本费用 | | | | | | | | 113458 |
| 其中：运行费 | | | | | | | | 65612 |

b. 农业供水成本费用测算

根据《水利部关于印发〈水利工程供水价格核算规范（试行）〉的通知》

（水财经〔2007〕470 号）第十八条测算，农业供水各项成本费用 = 工程供水成本费用×农业供水分配系数。对于直接材料费中原水费，农业用水直接按 0.12 元/$m^3$ 计算；水资源费按农业用水不计水资源费；这两项应按实际计算，不按农业供水分配系数进行测算。鄂北供水工程农业供水总成本费用详见表 5-3。

**表 5-3　鄂北工程农业供水总成本费用计算表**

<table>
<tr><th rowspan="3">项目</th><th colspan="6">费率</th><th rowspan="3">计算基数</th><th rowspan="3">费用（万元/a）</th></tr>
<tr><th colspan="5">输水工程</th><th rowspan="2">其他</th></tr>
<tr><th>明渠</th><th>渡槽</th><th>暗涵</th><th>隧洞</th><th>倒虹吸</th></tr>
<tr><td>日常维修养护费</td><td>1.0%</td><td>1.0%</td><td>1.0%</td><td>1.0%</td><td>0.3%</td><td>1.0%</td><td>扣除占地淹没补偿费用的固定资产原值</td><td>909.93</td></tr>
<tr><td>大修理费</td><td colspan="6">1.4%</td><td>固定资产原值</td><td>5081.29</td></tr>
<tr><td>直接材料费</td><td colspan="6"></td><td></td><td>687.18</td></tr>
<tr><td>其中：材料费</td><td colspan="6">0.1%</td><td>固定资产原值</td><td>362.95</td></tr>
<tr><td>原水费</td><td colspan="6">农业用水 0.012 元/m³</td><td>毛水量</td><td>235.01</td></tr>
<tr><td>职工薪酬</td><td colspan="6">164.90%</td><td>工资总额</td><td>1599.17</td></tr>
<tr><td>管理费</td><td colspan="6">1.5 倍</td><td>职工薪酬</td><td>2398.75</td></tr>
<tr><td>水资源费</td><td colspan="6">农业用水不收取水资源费</td><td>毛水量</td><td>0</td></tr>
<tr><td>其他直接支出</td><td colspan="6">公网租用费 355 万元/a</td><td></td><td>71.36</td></tr>
<tr><td>其他间接费用</td><td colspan="6">10%</td><td>日常维修养护、材料费和工资薪酬之和</td><td>287.20</td></tr>
<tr><td>固定资产保险费</td><td colspan="6">0.25%</td><td>固定资产原值</td><td>907.37</td></tr>
<tr><td>折旧费</td><td colspan="6">2.50%</td><td>固定资产原值</td><td>9073.74</td></tr>
<tr><td>财务费用</td><td colspan="6"></td><td></td><td>543.22</td></tr>
<tr><td colspan="8">总成本费用</td><td>21794.23</td></tr>
<tr><td colspan="8">其中：运行费</td><td>12177.27</td></tr>
</table>

2. 全成本水价及运行成本水价

鄂北工程建成后，分水口门多年平均供水量为 7.30 亿 $m^3$/a，其中农业净供水量 18770 万 $m^3$/a；农业供水总成本为 21794.23 万元/a，运行费用为 12177.27 万元/a，则农业供水全成本水价为 1.143 元/$m^3$，运行成本水价为 0.389 元/$m^3$（表 5-4）。

表 5-4　农业水价测算

| 项目 | | 数值 |
|---|---|---|
| 农业净供水量/(万 $m^3$/a) | | 18770 |
| 总成本费用/(万元/a) | | 21794.23 |
| 其中：运行费/(万元/a) | | 12177.27 |
| 成本水价/(元/$m^3$) | 全成本水价 | 1.161 |
| | 运行成本水价 | 0.649 |

3. 两部制水价测算

参考《水利工程供水价格核算规范》和《按照湖北省农业水价综合改革实施方案》关于农业水价定价机制的要求，按照两部制水价的定价原则，对鄂北工程农业供水的基本水价和计量水价进行测试。其中：

基本水价=（职工薪酬+管理费用+50%维修费+50%折旧费）÷农业毛供水量

计量水价=（燃料及动力费+生产费用+50%维修费+50%折旧费）

**1）供水工程成本费用**

鄂北供水工程职工薪酬、管理费用同 5.4.2 节第 1 部分的测算一致，分别为 7956.07 万元/a、11934.10 万元/a，日常维修养护费用为 4527 万元/a。

A. 折旧费

工程总投资 180.57 亿元。其中中央资金和省级财政资金 129.52 亿元，占总投资的 71.73%；企业资本金和银行贷款 51.05 亿元，占总投资的 28.27%。

根据《政府制定价格成本监审办法》第二十七条“由政府补助或者社会无偿投入的资产，以及评估增值的部分不得计提折旧或者摊销费用”的规定，仅对企业资本金和贷款部分形成的固定资产计提折旧，采用综合折旧率 2.5% 按年平均提取，则折旧费为 12763.51 万元/a。

B. 燃料及动力费

根据《水利建设项目经济评价规范》取固定资产原值的 0.1% 计，燃料及动力费为 1805.72 万元/a（表 5-5）。

C. 生产费用

生产费用包括原水费、水资源费、其他直接支出、其他间接支出、保险费、财务费用，各费用测算同 5.4.2 节第 1 部分。

表 5-5　鄂北工程供水费用测算

| 项目 | 费用/(万元/a) | 测算说明 |
| --- | --- | --- |
| 职工薪酬 | 7956.07 | 根据水利部批复的《湖北省鄂北地区水资源配置工程初步设计报告》，鄂北工程岗位定员编制283人 |
| 管理费 | 11934.10 | 根据《水利建设项目经济评价规范》水库工程成本测算费率管理费按工资总额的1~2倍计提，本次按职工薪酬的1.5倍计提 |
| 日常维修养护费 | 4527.00 | 日常维修养护费用为固定资产原值（明渠1%，渡槽1%，暗涵1%、隧洞1%，倒虹吸0.3%，其他1%），共4527万元 |
| 折旧费 | 12763.51 | 企业资金本和贷款部分形成的固定资产，采用综合折旧率2.5%按年平均提取 |
| 燃料及动力费 | 1805.72 | 按固定资产原值的0.1%计取 |
| 生产费用 | 16811.96 | |
| 其中：原水费 | 1613.09 | 工业及生活用水0.024元/$m^3$，农业用水0.012元/$m^3$ |
| 水资源费 | 6198.10 | 工业生产0.15元/$m^3$，生活0.05元/$m^3$，农业用水不计水资源费 |
| 其他直接支出 | 355.00 | 公网租用费355万元 |
| 其他间接费用 | 1428.88 | 根据《水利建设项目经济评价规范》取日常维修养护费、材料费和工资薪酬的10% |
| 固定资产保险费 | 4514.30 | 根据《水利建设项目经济评价规范》，按照固定资产原值的0.25%计算 |
| 财务费用 | 2702.60 | |
| 基本水价总成本 | 28535.42 | |
| 计量水价总成本 | 27262.94 | |

### 2）农业供水两部制水价测算

除了生产费用中原水费及水资源费按农业用水实际计算，农业供水其他各项成本费用则按鄂北供水工程成本费用乘以农业供水分配系数，鄂北工程农业毛供水量为19584万$m^3$，农业净供水量为18770万$m^3$，含贷款利息及不含贷款利息的农业供水两部制水价计算结果见表5-6、表5-7。

从计算结果可知，农业供水基本水价为0.293元/$m^3$，含贷款利息和不含贷款利息的农业供水计量水价分别为0.221元/$m^3$和0.192元/$m^3$。

**表 5-6　鄂北工程农业供水费用（含贷款利息）**

| 项目 | 单位 | 数量 | 测算说明 |
|---|---|---|---|
| 职工薪酬 | 万元/a | 1599.17 | 根据水利部批复的《湖北省鄂北地区水资源配置工程初步设计报告》，鄂北工程岗位定员编制 283 人 |
| 管理费 | 万元/a | 2398.75 | 根据《水利建设项目经济评价规范》水库工程成本测算费率管理费按工资总额的 1～2 倍计提，本次按职工薪酬的 1.5 倍计提 |
| 日常维修养护费 | 万元/a | 909.93 | 日常维修养护费用为固定资产原值（明渠 1%，渡槽 1%，暗涵 1%、隧洞 1%，倒虹吸 0.3%，其他 1%）计取 |
| 折旧费 | 万元/a | 2565.47 | 企业资金本和贷款部分形成的固定资产，采用综合折旧率 2.5% 按年平均提取 |
| 燃料及动力费 | 万元/a | 362.95 | 按固定资产原值的 0.1% 计取 |
| 生产费用 | 万元/a | 2044.16 | |
| 其中：原水费 | 万元/a | 235.01 | 农业用水 0.012 元/$m^3$ |
| 水资源费 | 万元/a | 0.00 | 农业用水不计水资源费 |
| 其他直接支出 | 万元/a | 71.36 | |
| 其他间接费用 | 万元/a | 287.20 | 根据《水利建设项目经济评价规范》取日常维修养护费、材料费和工资薪酬的 10% |
| 保险费 | 万元/a | 907.37 | 根据《水利建设项目经济评价规范》，按照固定资产原值的 0.25% 计算 |
| 财务费用 | 万元/a | 543.22 | |
| 基本水价总成本 | 万元/a | 5735.62 | |
| 计量水价总成本 | 万元/a | 4144.81 | |
| 农业毛供水量 | 万 $m^3$/a | 19584 | |
| 农业净供水量 | 万 $m^3$/a | 18770 | |
| 农业供水基本水价 | 元/$m^3$ | 0.293 | |
| 农业供水计量水价 | 元/$m^3$ | 0.221 | |

**表 5-7　鄂北工程农业供水费用（不含贷款利息）**

| 项目 | 单位 | 数量 | 测算说明 |
|---|---|---|---|
| 职工薪酬 | 万元/a | 1599.17 | 根据水利部批复的《湖北省鄂北地区水资源配置工程初步设计报告》，鄂北工程岗位定员编制 283 人 |

续表

| 项目 | 单位 | 数量 | 测算说明 |
|---|---|---|---|
| 管理费 | 万元/a | 2398.75 | 根据《水利建设项目经济评价规范》水库工程成本测算费率管理费按工资总额的 1～2 倍计提，本次按职工薪酬的 1.5 倍计提 |
| 日常维修养护费 | 万元/a | 909.93 | 日常维修养护费用为固定资产原值（明渠 1%，渡槽 1%，暗涵 1%、隧洞 1%，倒虹吸 0.3%，其他 1%）计取 |
| 折旧费 | 万元/a | 2565.47 | 企业资金本和贷款部分形成的固定资产，采用综合折旧率 2.5% 按年平均提取 |
| 燃料及动力费 | 万元/a | 362.95 | 按固定资产原值的 0.1% 计取 |
| 生产费用 | 万元/a | 1500.94 | |
| 其中：原水费 | 万元/a | 235.01 | 农业用水 0.012 元/$m^3$ |
| 水资源费 | 万元/a | 0.00 | 农业用水不计水资源费 |
| 其他直接支出 | 万元/a | 71.36 | |
| 其他间接费用 | 万元/a | 287.20 | 根据《水利建设项目经济评价规范》取日常维修养护费、材料费和工资薪酬的 10% |
| 保险费 | 万元/a | 907.37 | 根据《水利建设项目经济评价规范》，按照固定资产原值的 0.25% 计算 |
| 财务费用 | 万元/a | 0.00 | |
| 基本水价总成本 | 万元/a | 5735.62 | |
| 计量水价总成本 | 万元/a | 3601.59 | |
| 农业毛供水量 | 万 $m^3$/a | 19584 | |
| 农业净供水量 | 万 $m^3$/a | 18770 | |
| 农业供水基本水价 | 元/$m^3$ | 0.293 | |
| 农业供水计量水价 | 元/$m^3$ | 0.192 | |

4. 受水区农业供水成本

目前襄州区和枣阳市内鄂北工程农业受水区国管工程和田间工程的农业供水成本可参考当地执行水价。襄州区农业成本执行水价为 0.09 元/$m^3$，枣阳市农业成本执行水价为 0.0996 元/$m^3$；襄州区和枣阳市田间工程供水成本分别为 0.022 元/$m^3$和 0.020 元/$m^3$。

5. 鄂北工程农业供水终端水价

我国农田灌溉基础设施主要由各级政府财政投入，现行农业水价政策主要以运行维护成本为主。但是鄂北工程总投资 1805719 万元主要来源于三个渠道：①中央预算内投资定额补助 585550 万元；②省级资金 898045 万元（企业资本金 188416.55 万元，政府资本金 709628.45 万元）；③银行贷款 322124 万元（本金 291040 万元，建设期贷款利息 31084 万元），银行贷款占比为 17.84%。因此，鄂北工程运行维护成本水价中银行贷款所构成的部分仍然需要考虑。综合考虑鄂北工程农业供水三个环节，在工程实现农业供水后，维持受水区国管工程和群管工程（田间工程）水价现状的基础上，要保证工程农业供水持续运行下去，需要在现有水价基础上增加对鄂北工程的供水成本。具体复核结果见表 5-8。

**表 5-8　鄂北工程农业供水价格构成**　（单位：元/$m^3$）

| 受水区 | 骨干工程计量水价 | | 受水区运行价 | | 终端水价 | |
|---|---|---|---|---|---|---|
| | 贷款成本 | 运行成本 | 国管工程 | 田间工程 | 含贷款利息 | 不含贷款利息 |
| 襄州区 | 0.029 | 0.192 | 0.09 | 0.022 | 0.333 | 0.304 |
| 枣阳市 | 0.029 | 0.192 | 0.0996 | 0.020 | 0.340 | 0.311 |
| 平均 | 0.029 | 0.192 | 0.099 | 0.020 | 0.339 | 0.310 |

## 5.4.3 受水区农民用水户可承受供水水价

1. 受水区农民可承受供水价格

可承受供水价格是基于农民的支付意愿和实际可承受能力分析相结合的一种价格水平，不是一种真实的价格水平。支付意愿更多的是一种支付行为的心理预期，而可承受能力一般是一种实际支付的能力。支付意愿是主观反映，通常利用意愿调查法获得。承受能力是一个客观测算，对农业用水成本而言，通行的测算标准为亩均纯收入的 8% ~10%。本书所采纳的可承受供水价格按两者水平的平均值来计算。

2. 基于统计数据的农业水费可承受能力估算

不考虑人力成本的前提下，受水区 2006 ~2018 年大田粮食作物亩均纯收入年均增长超过 8%，其变化趋势见图 5-9。综合考虑，自然农户亩均水费承受能力按亩均纯收入的 10% 计算，鄂北工程农民用水户水费承受能力预计为不超过 57 元/亩。根据初设水权配置方案，鄂北工程农业供水灌溉水量预计为 476$m^3$/亩，折算的可承受终端水价为 0.119 元/$m^3$。

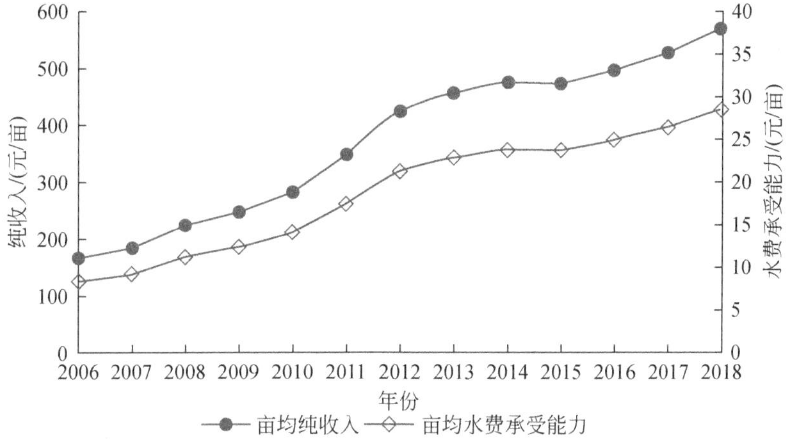


图 5-9 唐东地区农民用水户亩均水费承受能力趋势图

3. 基于支付意愿法的单方水价承受能力

据第 4 章测算，襄州区、枣阳市农户可承受单方水价分别为 0.104 元/$m^3$、0.155 元/$m^3$，农业受水区农户平均可承受单方水价为 0.131 元/$m^3$（表 4-10）。

4. 农户可承受水价

根据统计资料分析，农户可承受单方水价为 0.119 元/$m^3$，结合实际调研的农户承受水价，采取两者的平均值作为当地农户可承受水价。襄州区、枣阳市农户可承受农业水价分别为 0.112 元/$m^3$、0.137 元/$m^3$（表 5-9）。

**表 5-9 农户可承受单方水价（综合）** （单位：元/$m^3$）

| 受水区 | 可承受单方水价 | | |
|---|---|---|---|
| | 统计 | 调研 | 综合 |
| 襄州区 | 0.119 | 0.104 | 0.112 |
| 枣阳市 | 0.119 | 0.155 | 0.137 |
| 平均 | 0.119 | 0.131 | 0.125 |

5. 受水区农户可分担鄂北工程农业供水价格

根据鄂北工程供水成本测算，农业供水补偿成本的终端价格包括两种情况：一种是含工程贷款分摊；另一种是不含工程贷款分摊。具体各环节价格水平见表5-10。综合考虑鄂北供水端、受水区国管工程和田间工程三个环节，从农户的角度可测算分析对鄂北工程农业供水的可承受价格水平，测算方法见下式：

$$P_1 = P_0 - P_2 - P_3 \tag{5-2}$$

式中，$P_1$为农业受水区农户可承受鄂北工程农业供水价格水平；$P_2$和$P_3$分别为受水区国管工程和田间工程可执行水价；$P_0$为农业受水区自然农户可承受农业水价水平。

在打破受水区现行执行水价的基础上，综合考虑受水区农户水费承受能力和鄂北工程运行维护水价水平，计算得出受水区农户对鄂北工程可承受水价。

**表 5-10　受水区农户可分担鄂北工程农业供水价格（当前）**

| 地区 | 可承受水价/(元/m$^3$) | 可分担鄂北工程水价/(元/m$^3$) | (可承受水价/工程供水成本)/% | |
|---|---|---|---|---|
| | | | 含贷款成本 | 不含贷款成本 |
| 襄州区 | 0.112 | 0.000 | 0.00 | 0.00 |
| 枣阳区 | 0.137 | 0.0174 | 3.39 | 3.59 |
| 受水区 | 0.125 | 0.006 | 1.17 | 1.24 |

仅考虑目前受水区现行用水价格水平，按照受水区农户的水费承受力水平，可分担鄂北工程供水成本的占比微乎其微，几乎可以忽略。根据测算结果，如不考虑第三方补偿措施，仅依靠直接向灌溉用水户收取水费，按农户的承受能力，可执行的价格水平仅占工程运行维护成本的1.24%，如果考虑到工程银行贷款分摊，则更低，仅为1.17%。

考虑将来农户逐步采用节水灌溉，随着用水效率的提高，作物亩均灌溉用水量达到工程设计标准，如不考虑第三方补偿措施，仅依靠向自然灌溉用水户收取水费，按农户的承受能力，可执行的价格水平占工程运行维护成本的12.88%，如果考虑到工程银行贷款分摊，则更低，仅为13.65%（表5-11）。

表 5-11　受水区农户对鄂北工程农业供水可承受水价（节水模式）

| 地区 | 恢复灌溉面积/万亩 | 农业灌溉供水/万 $m^3$ | 亩均灌溉水量/$m^3$/亩 | 农户水价承受能力/(元/亩) | 可承受水价/(元/$m^3$) | 可分担鄂北工程水价/(元/$m^3$) | (可承受水价/工程供水成本)/% | |
|---|---|---|---|---|---|---|---|---|
| | | | | | | | 含贷款成本 | 不含贷款成本 |
| 襄州区 | 16.30 | 7370 | 452 | 70.14 | 0.155 | 0.043 | 8.41 | 8.91 |
| 枣阳区 | 23.10 | 11400 | 494 | 104.14 | 0.211 | 0.091 | 17.77 | 18.83 |
| 受水区 | 39.40 | 18770 | 476 | 88.12 | 0.185 | 0.066 | 12.88 | 13.65 |

## 5.4.4　适用于鄂北工程的农业水价定价模式

鄂北工程作为从根本上解决湖北省“旱包子”问题，夯实湖北省推行“一主引领、两翼驱动、全域协同”区域发展战略的水利基础支撑，其战略意义和经济意义十分重大，尤其对唐东地区的农业供水更是如此。建立合理的农业供水定价模式，是确保鄂北工程农业供水工程长久发挥效益的基本前提。

与鄂北工程承担的工业、生活等非农供水需求相对稳定、供水时间波动较小不同，一方面，农业供水因受水区作物种植情况、当地降水状况季节性变化和需要的不确定性因素等影响，农业供水呈现季节性、区域性波动较大等特点。另一方面，维持工程正常运转所必需的工程维护人力和资金投入却是相对稳定的。因此，两部制的定价模式更适合鄂北工程农业供水。《湖北省农业水价综合改革实施方案》所推荐的定价模式中，也鼓励“用水年际变化的地方可结合实际实行基本水价和计量水价相结合的两部制水价”。

1. 定价原则

结合鄂北工程农业供水特点和受水区用水基本情况，鄂北工程农业供水价格定价可遵循以下四个基本原则。

**1）节水优先，两手发力**

围绕市场在配置资源中的决定性作用和高效率促进机制，坚持用价格杠杆调节用水户的灌溉行为，促进农业节水。同时，综合考虑工程农业供水的公益性和特殊性，坚持政府作为公共利益的代表，要承担确保工程良性运行的托底角色。

**2）权属明确、责任落实**

从水源到田间，要经过原水、鄂北工程、受水区骨干工程及田间工程等多个环节。明晰每个环节权属主体和责任主体，明确每个环节供需水过程，落实总量控制和定额管理。

**3）分级管理、分级定价**

依据不同环节工程权属的不同，确立鄂北工程农业供水分级管理机制和分级定价原则。鄂北局负责鄂北工程从水源地到受水区分水口的管理，其供水价格可依据主管部门级别实行省级政府定价或供水方与受水方县级政府之间协商定价。受水区骨干工程供水可由当地政府实行政府定价或由供需双方协商定价。田间工程供水价格依据管理主体自行确定。

**4）补偿成本、适度激励**

充分兼顾鄂北工程投资建设和运行维护的独特性与农业供水的公益性特点，依据现行水价定价政策，鄂北工程农业供水水价按补偿运行维护成本原则和涵盖贷款分摊成本来确定。

2. 定价机制

根据工程供水环节划分，鄂北工程农业供水终端水价由三个环节水价组成，即从水源地到农业受水区分水点的供水水价、受水区本地国管工程水价和受水区群管组织灌溉供水行为发生的供水成本水价，具体构成分析见5.4.1节。按照分级管理、分级定价的原则，工程定价可分两步完成，先确定鄂北工程农业供水执行水价，再确定受水区农业执行水价。

**1）鄂北工程农业供水执行水价**

从确保鄂北工程农业供水功能发挥稳定效益和保持工程良性可持续运行出发，鄂北工程农业供水执行水价建议按两部制水价制定，即由基本水价和计量水价组成。考虑到农业供水的公益性和受水对象的特殊性，依据国家和湖北省相关水价管理办法和标准规范，对鄂北工程农业供水价格按补偿运行成本计价。基本水价和计量水价的构成和技术方法见5.4.2节。考虑鄂北工程除由中央和省级财政投资外，还有部分贷款，且工程管理和运行主体计划按照企业化运行，因此，还应涵盖农业供水功能分摊的贷款成本（表5-12）。

鄂北工程农业供水执行水价按两部制水价执行。其中基本水价由分摊的贷款利息、工程运行维护人员直接工资、管理费用和 50% 的修理费的原则制定。基本水价是水利工程单位向用水户应收取的最低费用，用来维持水利工程单位最基本的正常运转。计量水价按补偿基本水价以外的材料费等其他成本、费用以及计入规定利润和税金的原则核定。计量水费按实际供水量乘以计量水价得到。它反映的是实际供水量的货币形式，实行的是多用水多交钱，少用水少交钱的基本原则，有利于用水户节约用水（表 5-13）。

**表 5-12　鄂北工程农业供水成本水价构成**　　（单位：元/$m^3$）

| 行政区 | 贷款成本水价 | 运行成本水价 | 补偿成本水价 |
| --- | --- | --- | --- |
| 受水区 | 0.029 | 0.484 | 0.513 |

**表 5-13　鄂北工程农业供水两部制水价**　　（单位：元/$m^3$）

| 行政区 | 基本水价 | 计量水价 | 执行水价 |
| --- | --- | --- | --- |
| 受水区 | 0.322 | 0.192 | 0.513 |

**2）受水区农业执行水价**

理论上，受水区执行水价即终端水价，由鄂北工程供水水价加上受水区国管工程水价再加上末级渠系运行维护成本构成，见式（5-1）。考虑到受水区农民水费可承受能力和用水效率的提升，实际平均可承受水价为 0.185 元/$m^3$。因此，在不考虑奖励或补贴因素前，受水区终端水价定价水平不宜超过农民可承受水价。

终端水价的定价模式应结合分类定价和分档定价。在分类定价上，区分粮食作物和经济作物，统筹考虑用水量、生产效益、当地农业产业发展政策等，合理确定各类用水价格，用水量大或附加值高的经济作物和养殖业用水价格可高于其他用水类型。分档定价，即实行农业用水定额管理，超定额累进加价制度，通过合理确定阶梯价格和加价幅度，促进农业节水。

# 5.5 农业供水分担模式

## 5.5.1 分担模式

政府部门在利益相关者排序中显著高于农户和其他社会机构，其赋予的合法权利和影响力都显著高于其他群体，而且具有较强的经济实力，承担的责任应该更高，所以政府应该成为分担农业水价的关键主体。鄂北工程优化提升了湖北省水资源配置格局，为全省经济社会发展和水生态安全提供重要的水利基础支撑；工程提高了农业受水区灌溉供水保障程度，恢复灌溉面积39.4万亩，提升了当地生态环境质量，支撑了经济社会发展。因此，湖北省级政府和受水区所在的襄阳市政府和襄州区、枣阳市政府代表公共利益受益方，是水价分担的主体。作为间接受益方，受水区非农用水户挤占了农业用水权益，发展了工业，保障了饮水安全，也应该成为水价分担的主体。农业用水户作为直接受益者，也必须是水价分担的主体（表5-14）。

**表5-14 鄂北工程农业供水成本分担模式** （单位：元/$m^3$）

| 行政区 | 贷款成本水价 | 基本水价 | 计量水价 |
| --- | --- | --- | --- |
| 受水区 | 0.051 | 0.398 | 0.329 |
| 分担主体 | 省级财政 | 省级财政 | 市（区）财政 |

考虑到农业工程功能的公益性和特殊性，加之受水地区本身属于湖北省经济欠发达地区，建议农业供水部分所承担的贷款成本分摊由省级财政单独补贴，各利益相关方对农业供水运行维护成本水价进行分担。鄂北工程农业供水水价分担模式可按两种情景设计：一种是考虑省级财政直接补贴贷款成本后的水价分担模式；另一种是直接将贷款成本含在分担机制内。其中省级财政分担基本水价（贷款成本+基本水价），受水区市（区）级财政分担计量水价成本。

## 5.5.2 受水区补偿农业供水成本费用分担

1. 补偿农业供水成本费用

由于农业灌溉具有公益性和非排他性，属于特殊的商品。因此，我国的农业灌溉用水一直按供水成本定价，不计利润和税金。这是我国农业灌溉用水无论是运行维护成本水价还是执行水价均远低于普通商品水价格的根本原因。此外，对于由公共财政投资的农田水利基础设施，在各地实际制定灌溉水价政策时，主要考虑工程的运行维护成本。但鄂北工程的特点在于还有一部分银行贷款，且鄂北局将来有改制为企业的可能，这部分成本是鄂北工程运行维护成本费用中必须要考虑的。按照 5.5.1 小节所推荐的鄂北工程农业供水成本水价分担模式，为确保鄂北工程农业供水功能的持续长效运行，对鄂北工程农业供水成本的补偿主要分三部分：一是农业供水分摊的贷款成本；二是维持工程基本运行的基本水费；三是确保发挥效益的计量水费。

因此，按照 5.4 节复核计算的鄂北工程农业供水运行维护成本计算，鄂北工程农业供水运行维护成本约为 14608 万元/a，其中需要承担的贷款成本分摊为 963 万元/a，基本水费 7473 万元/a，计量水费 6172 万元/a。具体数据见表 5-15。

**表 5-15 鄂北工程补偿农业供水成本**

| 受水区 | 规划农业供水量/（万 $m^3$/a） | 鄂北工程补偿农业供水成本/（万元/a） | | | 合计/（万元/a） |
|---|---|---|---|---|---|
| | | 贷款成本 | 基本水费 | 计量水费 | |
| 襄州区 | 2103 | 108 | 837 | 692 | 1637 |
| 枣阳市 | 16667 | 855 | 6635 | 5481 | 12971 |
| 合计 | 18770 | 963 | 7473 | 6172 | 14608 |

2. 利益相关方成本费用分摊

考虑到农民水费可承受能力，在实际分摊中，农民用水户不参与鄂北工程实际分摊。工程供水成本主要由省级财政、区县财政和间接相关方承担。

结合 5.5.1 小节推荐的分担模式，各利益相关方分摊的鄂北农业供水成本费用见表 5-16。

表 5-16 利益相关方成本费用分摊 （单位：万元/a）

| 受水区 | 贷款成本 | 运维成本 | 利益相关方分摊 | |
|---|---|---|---|---|
| | | | 省级政府 | 地方政府 |
| 襄州区 | 108 | 1529 | 945 | 692 |
| 枣阳市 | 855 | 12116 | 7491 | 5481 |
| 合计 | 963 | 13645 | 8436 | 6172 |

省级政府代表全省利益受益方，应分摊两部分费用，包括全部贷款成本和基本水费，金额分别为963 万元/a 和 7473 万元/a。受水区地方政府代表受水区集体受益方，需分摊费用为计量水费，金额为 6172 万元/a。

## 5.5.3 农业供水补偿方案

1. 鄂北工程农业水价补贴总体思路

按照鄂北工程终端水价三环节供水成本和当地农民用水户水费可承受能力分析，当地农民的灌溉水费支付能力还不足以支持受水区国管和群管工程的供水运行成本。根据不增加农民负担的水价改革基本原则，要维持鄂北工程农业供水功能，必须依靠新的资金渠道支付相应费用。为了确保工程良性运行和农业供水发挥设计功能作用，依据利益相关者成本分担的原则，与农业灌溉收益相关的各方都应该对供水成本进行补偿。在鄂北供水工程两部制水价设计中，基本水价是确保参与工程运行维护的人员费用，计量水价（含贷款成本水价）是确保工程维修养护基本支出的费用。按照两部制水价计价原则和作用以及分担模式设计，建议基本水价和计量水价中的贷款成本由省级财政资金补贴；计量水价剩余部分由受水区政府财政资金补贴。

由于农业灌溉供水属于公益性供水，我国现行大多数骨干灌溉工程都由中央和省级预算内资金投资修建，或由政策性贷款（如世行贷款项目）投资修建，其贷款偿还主体也是财政预算内资金。因此，在鄂北工程本身盈利能力还没变强之前，对于鄂北工程中由贷款本息所产生的财务费用也应该主要由财政资金承担。

2. 省级补贴资金来源

省级补贴费用的资金来源可分两个阶段解决：一是在鄂北工程运行前期，全额由省级财政负担；二是鄂北工程运行稳定，且非农业供水功能部分保持稳定的盈利状态下，贷款成本分担费用可正常转为鄂北工程管理单位的运行维护成本，由管理单位承担，工程农业供水的基本“两费”建议继续由省级财政分担。

3. 受水区补贴资金来源

鄂北工程农业受水区主要涉及襄州区和枣阳市两地。建议通过两种途径解决资金来源：一是由两地地方财政直接解决；二是由工程受水区非农业供水在受水区环节的供水利润分担。如采用第二种方式，在制定农业受水区非农业供水价格时，可将该部分分摊费用作为附加公益成本纳入成本核算。

间接受益方由于不是农业供水工程供水的直接用户，其受益方的界定存在一定困难，因此所分担的供水成本费用不能直接由间接受益方支付。建议受水区对非农业供水价格定价机制进行调整，在基本定额用水价格调整变化不大的前提下，加大对超定额累计加价幅度。收取的超定额水费可作为鄂北工程的计量水费补贴来源之一。

## 5.6 小　　结

（1）农业供水工程具有明显的公益性和弱收益性的特点，在提供农业供水保障、改善生态环境、促进地方经济社会发展方面具有重要的作用。按照“谁受益、谁付费”的原则，利益相关方应该分担农业供水成本。

（2）科学的定价机制能通过合理的水价变动影响农民用水户的灌溉决策。在研究制定鄂北工程农业供水价格形成机制时，除了要考虑鄂北工程本身环节的供水成本外，还要考虑受水区国管工程和田间工程的供水成本，形成从水源地到田间的终端用水价格。此外，考虑到鄂北工程农业供水的准公益性，以及工程供水时间和供水量在季节性和空间上的波动较大，为了确保工程良性运行，对鄂北工程的农业供水价格实行两部制水价，即基本水价维持工程运行维护所需的最低费用，计量水价确保用水户节水用水。

（3）考虑到农业供水的公益性，按照补偿工程运行维护成本的原则核算确定鄂北工程农业供水价格水平为 0.778 元/m$^3$。综合采用支付意愿法与统计法计算的当地农民用水户可承受农业用水价格水平仅为 0.125 元/m$^3$，不足鄂北工程运行维护成本的 20%。如果再考虑到受水区国管和群管环节的供水成本，按农民用水户可承受能力水平确定的执行水价仅能勉强覆盖受水区供水成本，而无法对鄂北工程的农业供水成本进行分担。

（4）根据利益相关方共同分摊的原则，建议对鄂北工程农业供水工程的运行维护成本实行全成本补偿。补偿的分摊方根据工程的受益方，分为省级财政、市（区）财政及间接受益方，其中省级财政分担贷款成本和基本水费；市（区）级财政分担计量水费部分。

# 第 6 章　灌区农业水价形成机制

## 6.1　灌区农业水价形成机制构成要素

灌区建立健全农业水价形成机制，需要开展以下工作内容：一是从灌区实际出发，理清本地地表水、外调水及地下水补给关系，重点解决骨干渠系防渗节水改造、完善水量计量设施设备。二是合理制定水价，建立完善合理反映供水成本、有利于节水体制机制创新、节水奖励相适应的水价动态调整机制，发挥价格杠杆作用，促进水资源合理开发利用。三是建立健全政府奖补与工程运行维护成本控制、灌溉水量与种植结构相结合的水价补偿机制，充分发挥政府的调控作用，推动灌区水价调整顺利实施，实现灌区节水灌溉机制和水利工程良性运行机制形成，保障灌区可持续发展，推行区域农业节水行动。

### 6.1.1　建立农业水权制度

根据灌区农业灌溉水权特点，以各县（区）农业水资源用水总量控制指标为基础，按照耕地面积、作物组成、灌溉定额等，科学核定农业用水总量，逐步把指标细化分解到各县（区），落实到具体水源，明确水权，实行总量控制、定额管理，促进农业节水。同时，鼓励用水户通过水权交易等形式转让节水量。

### 6.1.2　完善供水计量设施

根据灌区水利工程特点、水系状况、灌溉保证程度等因素进行综合分析，优化配水路径，完善供水终端计量设施。结合灌区续建配套与现代化改造项目加快供水计量体系的建设。

### 6.1.3 建立健全农业水价形成机制

统筹考虑用水量、生产效益、农业发展政策等因素，区别旱作物、粮食作物、瓜果蔬菜等经济作物用水类型，在终端用水环节探索实行分类水价。在供水成本核算的基础上，综合考虑农民可承受能力，按照补偿运行维护成本的原则，确定农业供水价格。为保证灌区骨干工程的良性运行，灌区供水部分实行基本水价+计量水价相结合的两部制水价；县（区）按照分类定价和分档定价的原则分别对粮食作物与经济作物实行定额内基本定价，超定额累进加价。终端水价由政府核定并适时调整，供水价格原则上应达到或逐步提高到运行维护成本水平，用水量大或附加值高的经济作物用水价格可高于粮食作物。积极推行农业用水定额管理，逐步实行超定额累进加价制度，合理确定阶梯和加价幅度，促进农业节水。

### 6.1.4 建立精准补贴和节水奖励机制

在完善水价形成机制的基础上，建立与农民承受能力、节水成效、地方财力相匹配的农业用水补贴与奖励机制。补贴主要针对种粮农户，补贴终端水价与种粮农户可承受能力之间的差距，降低种粮农户用水成本；节水奖励主要针对采用节水措施的农户，根据节水程度给予奖励，以降低使用节水技术的成本，提高用户主动节水的意识和积极性。

### 6.1.5 建立健全工程管护机制

创新工程管护机制，形成管护主体明确、管护标准具体、管护经费落实、管护职责清晰、运行机制灵活的工程管护机制，提高工程管护专业化水平，保障工程良性运行并持续发挥效益。针对田间管护，加强群管组织建设，由协会承担管理范围内灌溉设施、供水设施的运行、管理和维护责任。

### 6.1.6 探索建立水权交易机制

建立灌区内水权交易机制，各县（区）水行政主管单位负责对农户水权进行登记确认和发证，灌区管理处完善水权交易平台，试点农业水权的自由交易，实现用水户节余水量的水权交易。

# 6.2　河北漳滏河灌区农业水价形成机制

漳滏河灌区位于河北省邯郸市中部，西起岳城水库，东至卫运河，南邻漳河，北达邯（郸）邢（台）边界。地形总体西南高、东北低，地面坡度为 1/4000～1/400，海拔为 35～125m。灌区土地总面积为 524.5 万亩，其中耕地面积 328.86 万亩，经果林面积 15.9 万亩；设计灌溉面积为 304.5 万亩。灌区涉及磁县、临漳县、成安县、魏县、广平县、曲周县、鸡泽县、大名县、馆陶县 9 县和肥乡区、永年区、邯山区、丛台区、复兴区、冀南新区、经济开发区 7 区，共有 124 个乡镇，2009 个自然村。

## 6.2.1　农业水价构成与供水环节

1. 农业水价构成

本方案按照《河北省水利工程供水价格管理规定》（河北省人民政府令〔2017〕第 2 号）、《河北省水利工程供水管理核算规定》和《河北省水利工程供水定价成本监审办法（试行）》等有关规定测算农业供水成本。

农业供水价格按补偿供水生产成本、费用的原则核算，不计入利润和税金。灌溉定额内农业运行成本水价构成主要包括工程运行维护费、职工薪酬、管理费用和生产费用；灌溉定额内农业全成本水价构成是在运行成本水价的基础上增加固定资产折旧费，见图 6-1。

2. 供水环节

漳滏河灌区工程对农业受水区的灌溉供水环节包括三部分：漳滏河灌区骨干工程、受水县（区）管工程和田间输配水（群管）工程。漳滏河灌区工程供水环节见图 6-2。

每个环节的管理主体是清晰界定、上下衔接的，邯郸市生态水网运行管理中心负责水源的统一调度和水费征收工作。邯郸市漳滏河灌溉供水管理处负责将灌

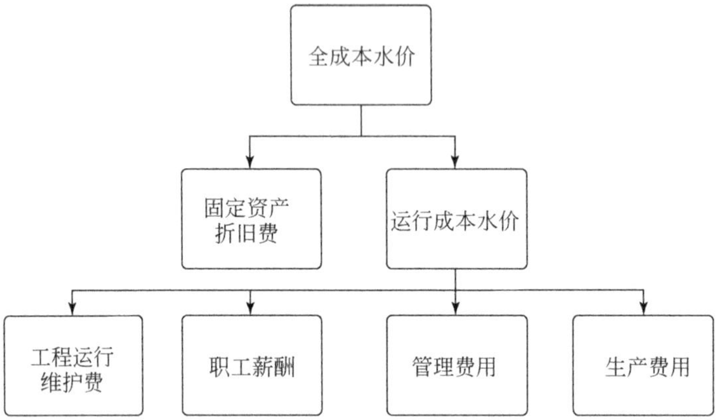


图 6-1　灌区农业水价构成

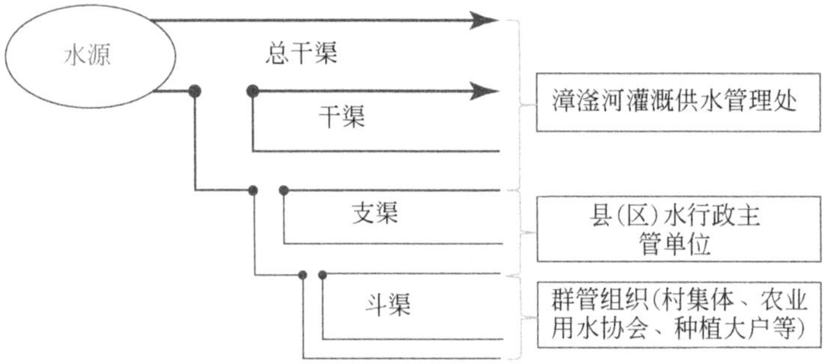


图 6-2　漳滏河灌区工程供水环节示意图

溉需水由水源地输送到受水区的分水节点，并综合考虑调水水源和本地水源的综合配置和优化，然后通过分水口按计划向农业受水区支渠分水；各县（区）水行政主管单位负责从分水节点（含需水设施）通过支渠将灌溉需水向田间输配；群管组织（村集体、农业用水协会、种植大户等）负责本用水范围内的灌溉管理行为。农业终端水价改革要求农户从源头到地头只承担一方面的水价。

参照 5.4.1 节，漳滏河灌区农业供水终端水价构成核算也包括水利工程环节农业供水本水价（$P_1$）、受水区本地国管工程水价（$P_2$）和受水区群管组织灌溉供水行为发生的供水成本水价（$P_3$）三个部分，具体计算同式（5-1）。

考虑到县（区）水价方案主要由县（区）各水行政主管单位负责，本方案供水成本核算主要核算灌区环节，县（区）部分和末级渠系采用现行文件执行水价。待各县（区）调整后按调整水价在相应环节上完善。

## 6.2.2 漳滏河灌区工程农业供水成本复核

1. 工程投资

根据灌区财务数据，截至 2020 年底，灌区现有固定资产 69448.4 万元，在“十四五”期间，漳滏河灌区续建配套与现代化改造总投资为 51334 万元。按照 90% 的固定资产生成率，灌区固定资产总值为 115649 万元。

2. 工程供水成本费用

灌区工程总成本费用包括日常维修养护费、大修理费、直接材料费、职工薪酬、水资源费、固定资产折旧费、其他制造费用和管理费等。年运行费是在总成本费用基础上去除折旧费和财务费用外的成本费用。

**1）日常维修养护费**

日常维修养护费依据《水利工程供水价格核算规范》按照固定资产的 1% 计提，灌区日常维修养护费为 1156.49 万元/a。

**2）大修理费**

大修理费依据《水利工程供水价格核算规范》按照固定资产原值的 1.4% 计提，灌区大修理费为 1619.09 万元/a。

**3）直接材料费**

直接材料费包括材料费和原水费。材料费按照固定资产的 0.1% 计提，为 115.65 万元；原水费按水库水原水费 0.03 元/$m^3$，引黄水原水费 0.23 元/$m^3$ 计取，为 1891.85 万元；农业用水限额内不计提水资源费，超出定额部分加收水资源费。即总的材料费为 2007.50 万元/a。

**4）职工薪酬**

根据管理处提供的资料，漳滏河灌区岗位定员编制 564 人。结合灌区财务数据中人员工资情况，2020 年职工薪酬为 5408.02 万元。

**5）水资源费**

农业用水不计水资源费，故无水资源费。

**6）固定资产折旧费**

固定资产折旧费按照水利工程运行年限，依据不同建设期间分别折旧。截止到2020年固定资产按照4.5%计提，“十四五”新增固定资产按照3.3%计提，得到固定资产折旧费为4649.80万元。

**7）其他制造费用**

其他制造费用包括其他间接费用和固定资产保险费。根据《水利建设项目经济评价规范》其他间接费用取材料费、日常维修养护费和工资薪酬及附加的10%计提，其他间接费用为829.92万元；固定资产保险费根据《水利建设项目经济评价规范》按固定资产原值的0.25%计提，保险费为289.22万元，即总的其他制造费用为1119.14万元。

**8）管理费**

管理费用按照固定资产的0.5%计提，为578.25万元。

漳滏河灌区工程供水成本费用复核结果详见表6-1。

**表6-1　农业供水成本测算**

| 序号 | 项目 | 费率/% | 计算基数 | 费用/(万元/a) | 备注 |
|---|---|---|---|---|---|
| 1 | 日常维修养护费 | 1.00 | 固定资产原值 | 1156.49 | |
| 2 | 大修理费 | 1.40% | 固定资产原值 | 1619.09 | |
| 3 | 直接材料费 | | | 2007.50 | |
| 3.1 | 材料费 | 0.10 | 固定资产原值 | 115.65 | |
| 3.2 | 原水费 | | 毛水量 | 1891.85 | 水库水原水费为0.03元/$m^3$，引黄水原水费为0.23元/$m^3$ |
| 4 | 职工薪酬 | | 工资总额 | 5408.02 | 根据漳滏河灌区2020年财务数据 |
| 5 | 水资源费 | | 毛水量 | 0 | 农业用水不计水资源费 |
| 6 | 固定资产折旧费 | 3.30 | | 4649.80 | |
| 7 | 其他制造费用 | | | 1119.14 | |
| 7.1 | 其他间接费用 | 10 | 日常维修养护、材料费和工资薪酬之和 | 829.92 | |
| 7.2 | 固定资产保险费 | 0.25 | 固定资产原值 | 289.22 | |
| 8 | 管理费 | 0.50 | 固定资产原值 | 578.25 | |

续表

| 序号 | 项目 | 费率/% | 计算基数 | 费用/(万元/a) | 备注 |
|---|---|---|---|---|---|
| 总成本费用 | | | | 16538 | 其中，年运行费 11888 万元，年净供水量 29610 万 $m^3$，农业供水全成本水价 0.559 元/$m^3$，农业供水运行成本水价 0.402 元/$m^3$ |

## 6.2.3 县（区）国管工程农业供水成本复核

根据漳滏河灌区工程管理的特点，县（区）主要负责支渠一级的工程运行维护和管理，本方案以民有一干亦村支渠为县（区）国管工程的典型支渠对其农业供水成本进行复核。

民有一干亦村支渠位于临漳县，渠道全长 12.7km，设计流量 4.5$m^3$/s，控制灌溉面积 44514 亩。在 2017 年灌区续建配套与节水改造工程实施对该支渠进行改造，工程总投资 887 万元，渠道防渗衬砌长度 10.3km，其中涵洞段长 550m，配套水闸、生产桥和倒虹吸等配套建筑物 20 座。

1. 工程投资

民有一干亦村支渠改造总投资为 887.0 万元，按照 90% 的固定资产生成率，灌区固定资产总值为 798.3 万元。

2. 工程供水成本费用

工程总成本费用同 6.2.2 节。

3. 灌溉水量

民有一干亦村支渠到斗口农业水量按灌溉面积、灌溉定额和田间水利用系数、渠系水利用系数折算，为 955.75 万 $m^3$。

**1）日常维修养护费**

民有一干亦村支渠日常维修养护费按照固定资产的 1% 计提，为 7.98 万元/a。

**2）大修理费**

民有一干亦村支渠大修理费按照固定资产的1.4%计提，为11.18万元/a。

**3）直接材料费**

直接材料费包括材料费和原水费。材料费按照固定资产的0.1%计提，材料费为0.80万元/a；原水费采用水库水0.03元/$m^3$、引黄水0.23元/$m^3$计取，灌区总的用水量加权平均水价为0.064元/$m^3$，总原水费为61.07万元/a，即直接材料费为61.87万元/a。

**4）职工薪酬**

按照民有一干亦村支渠的控制面积结合灌区万亩专管人员的需要，确定管理人员8人，人员工资按照平均工资分摊，民有一干亦村支渠管理人员工资薪酬为79.03万元/a。

**5）水资源费**

农业用水不计水资源费，故无水资源费。

**6）固定资产折旧费**

固定资产折旧费依据支渠使用年限20年，按照5%计，为39.92万元/a。

**7）其他制造费用**

其他制造费用包括其他间接费用和固定资产保险费。其他间接费用按材料费、日常维修养护费和工资薪酬及附加的10%计提，为9.90万元/a；固定资产保险费按固定资产原值的0.25%计取，为2.00万元/a，即总的其他制造费用为11.90万元/a。

**8）管理费**

管理费用按照固定资产的0.5%计提，为3.99万元/a。

对于县（区）国管工程的水价应达到测算典型支渠的农业供水运行成本水价，为0.172元/$m^3$。

民有一干亦村支渠农业供水成本复核结果详见表6-2。

**表6-2 典型支渠（民有一干亦村支渠）农业供水成本**

| 序号 | 项目 | 费率/% | 计算基数 | 费用/(万元/a) | 备注 |
| --- | --- | --- | --- | --- | --- |
| 1 | 日常维护费 | 1.0 | 固定资产原值 | 7.98 | |
| 2 | 大修理费 | 1.4 | 固定资产原值 | 11.18 | |

续表

| 序号 | 项目 | 费率/% | 计算基数 | 费用/(万元/a) | 备注 |
|---|---|---|---|---|---|
| 3 | 直接材料费 | | | 61.87 | |
| 3.1 | 材料费 | 0.1 | 固定资产原值 | 0.80 | |
| 3.2 | 原水费 | | 毛水量 | 61.07 | |
| 4 | 职工薪酬 | | 人员工资 | 79.03 | |
| 5 | 水资源费 | | 毛水量 | 0.00 | |
| 6 | 固定资产折旧费 | 5.00 | | 39.92 | |
| 7 | 其他制造费用 | | | 11.90 | |
| 7.1 | 其他间接费用 | 10 | 日常维修养护、材料费和工资薪酬之和 | 9.90 | |
| 7.2 | 固定资产保险费 | 0.25 | 固定资产原值 | 2.00 | |
| 8 | 管理费 | 0.5 | 固定资产原值 | 3.99 | |
| 总成本费用 | | | | 216 | 其中：年运行费 165 万元，年净供水量 955.75 万 $m^3$，农业供水全成本水价 0.226 元/$m^3$，农业供水运行成本水价 0.172 元/$m^3$ |

## 6.2.4 灌区工程农业供水成本测算

1. 全成本水价及运行成本水价

《河北省邯郸市滏滏河灌区“十四五”续建配套与现代化改造实施方案》中预测 2018 年农业供水量为 45407 万 $m^3$。其中东武仕水库、岳城水库和引黄水合计 34925 万 $m^3$，再生水和地下水为 10482 万 $m^3$。

供水测算中不考虑再生水和地下水，通过渠系水利用系数计算的农田净灌溉供水量为 29610 万 $m^3$/a；农业供水总成本为 16538 万元/a，运行费用为 11888 万元/a，则农业供水全成本水价为 0.599 元/$m^3$，运行成本水价为 0.402 元/$m^3$，农业水价测算结果见表 6-3。

表 6-3　农业水价测算结果

| 项目 | | 数值 |
|---|---|---|
| 农业净灌溉供水量/(万 $m^3$/a) | | 29610 |
| 农业供水总成本费用/(万元/a) | | 16538 |
| 其中运行费用/(万元/a) | | 11888 |
| 成本水价/(元/$m^3$) | 全成本水价 | 0.599 |
| | 运行成本水价 | 0.402 |

2. 两部制水价测算

根据《水利工程供水价格核算规范》和《河北省关于推进大中型灌区农业水价综合改革工作的通知》的要求，按照两部制水价的定价原则，对漳滏河灌区农业供水的基本水价和计量水价进行测算。其中：

$$\text{基本水价}(\text{元}/\text{m}^3)=\frac{A\text{部分供水生产成本、费用}}{\text{供水总量或设计供水量或协议供水量}}$$

$$\text{基本水价}(\text{元}/\text{m}^3)=\frac{B\text{部分供水生产成本、费用}}{\text{设计供水量}}$$

*A* 部分供水生产成本、费用=职工薪酬+管理费用+50%修理费。

*B* 部分供水生产成本、费用=直接材料+其他直接支出+制造费用+水资源费+销售费用+财务费用−50%修理费。

按照《政府制定价格成本监审办法》中第二十七条规定“未投入实际使用的、不能提供价值有效证明的、由政府补助或者社会无偿投入的资产，以及评估增值的部分不得计提折旧或者摊销费用”。灌区工程建设基本上为国家投资，本次两部制水价测算未纳入固定资产折旧费。

供水生产成本费用包括职工薪酬、直接材料费、其他直接支出、制造费用和供水生产费用。

**1）职工薪酬**

据 6.2.2 小节计算 2020 年职工薪酬为 5408.02 万元。

**2）直接材料费**

据 6.2.2 小节计算，直接材料费为 2007.50 万元/a。

**3）其他费用支出**

无其他费用。

**4）制造费用**

制造费用包括修理费、水资源费、其他间接费用和固定资产保险费。修理费由日常维修养护费和大修理费组成，日常维修养护费用为固定资产原值的 1%；大修理费按固定资产原值的 1.4% 计，共计 2775.58 万元/a；农业用水无水资源费；其他间接费用取日常维修养护费、材料费和工资薪酬的 10%，共计 829.92 万元/a；固定资产保险费按照固定资产原值的 0.25% 计算，共计 289.12 万元/a。

**5）供水生产费用**

供水生产费用包括营业费用、管理费用和财务费用，灌区仅包括管理费用，根据《水利建设项目经济评价规范》，管理费用按照固定资产原值的 0.5% 计算，共计 578.25 万元/a，具体见表 6-4。

## 6.2.5 农民水价承受能力分析

1. 农业水费可承受能力分析

依据 2016～2020 年《邯郸市统计年鉴》及实际调查等资料，对涉及县（区）农民的农业生产投入和农业生产收益依照粮食种植与经济作物分别核算（表 6-5），并按照“农业可承受的水费占亩均产值比例为 5%～8%，占亩均纯收益比例以 10%～13% 为宜”的原则，确定不同种植类型农民的水价承受能力。农业亩均灌溉水费支出占农业产值的 5%～8% 较为合理，取占产值的 6.5%，按照不同的作物分析，粮食作物（含轮作）约为 68 元/(亩·a)；经济作物（含轮作）约为 217 元/(亩·a)。粮食作物的加权平均灌溉定额为 161.7$m^3$/亩，则农民水费承受能力为 0.422 元/$m^3$；经济作物的加权平均灌溉定额为 354.1$m^3$/亩，则农民水费承受能力为 0.612 元/$m^3$。

2. 农民水价承受能力

根据不同作物水费可承受能力和可分担工程水价分析农民可承受能力，其中可分担工程水价为县（区）国管工程水价和末端渠系水价之和。灌区粮食种植户可承担水价为 0.422 元/$m^3$，其中可分担工程水价为 0.200 元/$m^3$，比例为 54.87%，

**表 6-4　漳滏河灌区供水费用测算**

| 序号 | 项目 | 单位 | 数量 | 测算说明 |
|---|---|---|---|---|
| 1 | 供水生产成本 | 万元/a | 11310.15 | |
| 1.1 | 职工薪酬 | 万元/a | 5408.02 | 根据漳滏河灌区 2020 年财务数据 |
| 1.2 | 直接材料费 | 万元/a | 2007.50 | |
| 1.2.1 | 材料费 | 万元/a | 115.65 | 根据《水利建设项目经济评价规范》取固定资产原值的 0.1% 计 |
| 1.2.2 | 原水费 | 万元/a | 1891.85 | 水库水原水费为 0.03 元/$m^3$，引黄水原水费为 0.23 元/$m^3$ |
| 1.3 | 其他直接支出 | 万元/a | 0 | |
| 1.4 | 制造费用 | 万元/a | 3894.62 | |
| 1.4.1 | 修理费 | 万元/a | 2775.58 | 日常维修养护费用为固定资产原值的 1%；大修理费根据《水利工程供水价格核算规范》(水财经〔2007〕470 号)按固定资产原值的 1.4% 计 |
| 1.4.2 | 水资源费 | 万元/a | 0 | 农业无水资源费 |
| 1.4.3 | 其他间接费用 | 万元/a | 829.92 | 根据《水利建设项目经济评价规范》取日常维修养护费、材料费和工资薪酬的 10% |
| 1.4.4 | 固定资产保险费 | 万元/a | 289.12 | 根据《水利建设项目经济评价规范》，按照固定资产原值的 0.25% 计算 |
| 2 | 供水生产费用 | 万元/a | 8112.04 | |
| 2.1 | 营业费用 | 万元/a | 0 | |
| 2.2 | 管理费用 | 万元/a | 578.25 | 根据《水利建设项目经济评价规范》，按照固定资产原值的 0.5% 计算 |
| 2.3 | 财务费用 | 万元/a | 0 | |
| *A* 部分供水生产成本、费用 | | 万元/a | 7374.06 | 职工薪酬+管理费+50% 修理费 |
| *B* 部分供水生产成本、费用 | | 万元/a | 4514.33 | 直接材料+其他直接支出+制造费用+水资源费+销售费用+财务费用−50% 修理费 |
| 农业毛供水量 | | 万 $m^3$/a | 34835 | |
| 农业净供水量 | | 万 $m^3$/a | 29610 | |
| 农业供水基本水价 | | 元/$m^3$ | 0.212 | *A* 部分供水生产成本、费用/年农业毛供水量 |
| 农业供水计量水价 | | 元/$m^3$ | 0.152 | *B* 部分供水生产成本、费用/年农业净供水量 |

种粮农户不能完全承担，需要对其进行补贴；经济种植户可承担水价为 0.612 元/$m^3$，其中可分担工程水价为 0.362 元/$m^3$，比例为 99.3%，种植经济作物的农户基本可完全承担。农民可承受单方水价见表 6-6。

**表 6-5　漳滏河灌区各县（区）2019 年农业种植收益分析**

| 县（区） | 粮食作物（小麦、玉米） | | | 经济作物（棉花、蔬菜、水果） | | |
|---|---|---|---|---|---|---|
| | 播种面积/万亩 | 产值/亿元 | 收入/(元/亩) | 播种面积/万亩 | 产值/亿元 | 收入/(元/亩) |
| 鸡泽县 | 47.24 | 4.88 | 1034 | 14.40 | 4.89 | 3395 |
| 曲周县 | 86.17 | 8.93 | 1036 | 26.52 | 4.49 | 1694 |
| 馆陶县 | 65.64 | 6.97 | 1062 | 10.75 | 3.84 | 3570 |
| 广平县 | 48.01 | 5.10 | 1062 | 8.39 | 2.79 | 3326 |
| 成安县 | 63.18 | 6.90 | 1092 | 26.44 | 7.32 | 2770 |
| 魏县 | 122.06 | 12.68 | 1039 | 22.04 | 10.15 | 4606 |
| 磁县 | 50.10 | 4.25 | 848 | 2.01 | 0.66 | 3269 |
| 临漳县 | 119.21 | 13.53 | 1135 | 10.43 | 3.53 | 3385 |
| 大名县 | 149.26 | 15.93 | 1067 | 20.03 | 6.13 | 3060 |
| 丛台区 | 12.69 | 0.81 | 635 | 0.18 | 0.02 | 1066 |
| 复兴区 | 4.46 | 0.29 | 649 | 0.16 | 0.01 | 377 |
| 邯山区 | 21.44 | 1.97 | 918 | 2.03 | 0.29 | 1448 |
| 永年区 | 105.06 | 11.42 | 1087 | 21.31 | 9.89 | 4641 |
| 肥乡区 | 72.06 | 7.78 | 1079 | 26.42 | 9.65 | 3653 |
| 合计 | 966.58 | 101.44 | 981.64 | 191.11 | 63.66 | 2875.71 |

资料来源：邯郸统计年鉴 2020 年。

**表 6-6　农民可承受单方水价**

| 种植类型 | 可承受水价/(元/$m^3$) | 可分担工程水价/(元/$m^3$) | (可承担水价/工程供水成本)/% |
|---|---|---|---|
| 粮食作物 | 0.422 | 0.200 | 54.87 |
| 经济作物 | 0.612 | 0.362 | 99.30 |

### 6.2.6 推荐水价定价模式

根据灌区供水环节、农业成本水价测算、工程实际、水资源稀缺程度及用水户承受能力等因素分析，终端水价按照供水环节可划分为三段式水价，即灌区向受益县（区）执行两部制水价，包括基本水价和计量水价；县（区）水价执行分类分档定价，根据粮食作物、经济作物分别定价；农民协会执行末级渠系水价，然后根据作物将两部制水价、县（区）国管水价和末级渠系水价组合分为粮食作物和经济作物的终端水价，具体见图6-3。

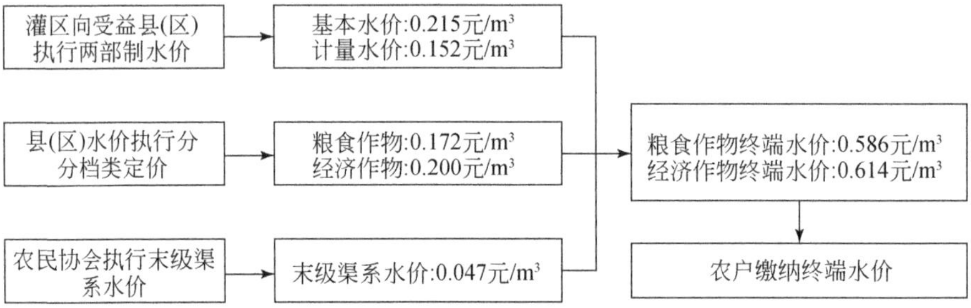


图6-3 灌区农业水价构成

1. 灌区供水水价

灌区供水水价直接由灌区向县（区）政府收取，按两部制方式计收，对计量水价实行超定额加价模式。超定额20%以内部分，计量水价加价0.02/m$^3$；超定额20%以上部分，加价0.06元/m$^3$，见表6-7。

表6-7 灌区水价计收标准 （单位：元/m$^3$）

| 灌区水价 | 定额内水价 | 超定额20%以内 | 超定额20%以上 |
|---|---|---|---|
| 灌区基本水价 | 0.212 | | |
| 灌区计量水价 | 0.152 | 0.172 | 0.212 |

2. 县（区）供水水价

县（区）国管工程供水水价是面向农户（农民用水协会）的水价，按照经济作物与粮食作物的经济收益不同，采取分类分档定价。按照农民承受能力分析采取粮食作物与终端水价之间的差距，农户可完全承担两部制水价后，只能承担部分国管工程水价，结合奖补机制，可采用“一提一补”的改革模式，然后在定额内对种粮农户进行补贴。

对于种植经济作物的农户可完全承担两部制水价后仍能承担国管工程水价，在国管工程水价的基础上按照可承受能力适当调整价格，县（区）国管工程供水水价计收标准见表 6-8。同时，县（区）国管工程水价采取分档计价以提高农户节水意愿。

**表 6-8　县（区）国管供水水价计收标准**　（单位：元/m³）

| 国管工程水价 | 定额内水价 | 超定额 20% 以内 | 超定额 20% 以上 |
|---|---|---|---|
| 粮食作物 | 0. 172 | 0. 192 | 0. 232 |
| 经济作物 | 0. 200 | 0. 220 | 0. 260 |

3. 末级渠系水价

末级渠系水价参照河北省其他地区已执行的田间水价标准，采取 0. 047 元/m³。

4. 终端水价定价模式

根据《水利工程供水价格管理办法》（国家发展和改革委员会、水利部令〔2003〕第 4 号）、《水利工程供水定价成本监审办法（试行)》（发改价格〔2006〕310 号）等文件对灌区骨干工程用水价格进行核算，确定灌区的终端供水水价。

综合考虑漳滏河灌区农业供水三个环节，明确终端水价由灌区水价、国管工程水价和末级渠系水价共同组成。工程实现农业供水后，在保证工程农业供水持续运行下去的基础上，受水区国管和田间工程现状水价根据经济作物和粮食作物区分定价，其中粮食作物采用“一提一补”的模式，达到运行成本的终端水价；经济作物由于种植效益高，在不需要补贴的情况下也能达到运行成本的终端水价。漳滏河灌区不同作物终端水价结果见表 6-9。

表 6-9　漳滏河灌区不同作物终端水价定价　　（单位：元/$m^3$）

| 作物类型 | 两部制水价 | 国管工程水价 | 末级渠系水价 | 终端水价 | 超定额20%以内 | 超定额20%以上 |
| --- | --- | --- | --- | --- | --- | --- |
| 粮食作物 | 0.364 | 0.172 | 0.047 | 0.583 | 0.626 | 0.686 |
| 经济作物 | 0.364 | 0.200 | 0.047 | 0.611 | 0.654 | 0.714 |

## 6.2.7　精准补贴与节水奖励机制

1. 精准补贴及节水奖励模式

**1）政策背景**

根据河北省水利厅关于《农业水价综合改革及奖补办法》（冀水农〔2018〕43号），灌区根据农业水价和实际用水情况建立“一提一补”的精准补贴模式，通过该模式降低农民的用水成本。“一提一补”的精准补贴模式有两种方式：一种方式是允许节余水量转让，对分配的水权、没有用完的水权可以通过水权交易市场进行转让。另一种方式就是奖励和补贴，在现行农业水价的基础上根据成本测算进行提价，县（区）农民用水合作组织安排适当水价改革资金，与收缴的提价水费（超过现行农业水价标准的部分）一同对节水的用户进行补贴。

**2）精准补贴模式**

精准补贴的对象主要针对种植粮食作物的农户，补贴原则遵行定额内按照标准补贴，超定额不补贴，通过精准补贴降低种粮农户用水成本，使农业终端水价达到农户可承受能力。

补贴计算标准：在灌溉定额内用水，补贴终端水价与粮食作物可承受能力之间的差距，按照 0.164 元/$m^3$ 进行补贴。超定额用水不予补贴，按成本价收水费。

在每年灌溉季结束后由协会对种粮农户农业用水进行统计，将统计结果汇总到各县（区）水行政主管部门，由水行政主管部门复核、备案，交与协会进行公示，同时对达标的农户按照补贴价格计算补贴资金，从县（区）收缴水费发放给受奖农户。

**3）节水奖励标准**

节水奖励的对象主要是种植经济作物的农户，节水奖励总的原则是在使用节水灌溉方式的前提下，用水量越少，奖励越多，间接降低农户采用节水灌溉的成本。

节水奖励计算标准按照当年实际灌溉水量与分配水权（用水定额）执行阶梯奖励，具体标准见表6-10。

**表6-10　节水奖励计算标准**

| 节水量 | 节水奖励标准/(元/$m^3$) |
|---|---|
| 节约水量占用水定额的10%以内部分 | 0.02 |
| 节约水量占用水定额的10%～30%部分 | 0.04 |
| 节约水量占用水定额的30%～50%部分 | 0.06 |
| 节约水量占用水定额的50%部分 | 0.08 |

在每年灌溉季结束后由协会对种植经济作物农户的农业用水进行统计，将统计结果汇总到各县（区）水行政主管单位，由水行政主管单位复核、备案，交与协会进行公示。按照节水奖励计算标准和农户实际灌溉用水计算奖励资金，从县（区）收缴水费发放给节水农户。

2. 奖补资金使用与管理

**1）奖补资金来源**

奖补资金主要来源有各级财政水价改革补助资金、机制体制创新资金、水利发展资金、加价水费收入、上级补助以及社会捐助等其他资金。

**2）奖补资金使用范围**

奖补资金主要用于县农民用水户合作组织节水奖励资金或提补资金、水费收缴管理系统建设、灌溉工程维修养护、灌溉用水计量设施建设维护、农民用水户合作组织奖励、农业水权水价改革宣传培训等。

**3）奖补资金使用与管理**

节水奖励资金每年发放一次。年度供水结束后，经用水协会申报、乡镇审核公示、县（区）水行政主管单位审批公示、灌区水管单位复核后，由财政部门将节水奖励资金发放到用水组织。

在节水奖励资金使用管理过程中，必须秉公办事，不得虚报冒领，不得优亲厚友，不得以权谋私。市水利局、灌区管理处和各县（区）水行政主管单位加强监督管理，市财政局、市水利局、市监察局、市审计局等部门要定期、不定期对节水奖励资金管理使用情况进行监督检查。各县（区）主要领导、分管领导及具体经办人员要切实履行监督职责。对在节水奖励资金使用管理中违规乱纪的，依照《预算法》和《财政违法行为处罚处分条例》等法律法规处理；涉嫌犯罪的，移送司法机关处理。

# 第 7 章　南方丰水区农业水价改革新模式

## 7.1　南方丰水区农业水价改革面临的主要问题

我国广大南方地区，水资源相对丰富，通过积极推进小农水工程和渠系配套与节水改造项目的建设，农业灌溉水利用系数提高了约 22%，大大提升了农业发展的基础水平，但是目前发展仍然面临一些突出问题。

一是政府买单、农民免费灌溉导致水价改革群众基础薄弱。许多南方地区财政收入相对宽裕，通过财政转移支付安排水利工程岁修资金，补助农田水利工程维修养护，取消农民用水户水费。但实际补贴经费远远不能满足维持水利工程运转需要。而农民用水户由于习惯了免费用水，节水意识、资源意识不足，成为水价改革面临的最大难题。

二是终端用水管理组织机构不健全。许多用水户协会的成立还处于起步阶段，缺乏专业的组织对农田水利设施进行管理，农业灌溉水费很大程度上依托水资源管理所收取，农田水利设施养护缺乏专业人员，无法提供有效率的服务。

三是农田水利设施管理粗放，水资源浪费严重。一方面由于土渠输水、配套建筑物不全、损毁严重，田间土壤保水性差；另一方面由于当地农村居民仍然沿袭原有的灌溉传统，如大水漫灌、深水淹灌等，造成水资源的严重浪费，土壤肥力流失严重，导致土壤板结、盐碱化。

四是农民参与管理积极性低。近年来，随着农村经济社会的迅猛发展，地方各级政府和村委会组织工作重心转移，农业收入占比下降，不是农民收入的主要来源，农村劳动力大量转移，农民参与用水管理及灌溉工程维护的积极性降低。

五是节水灌溉措施推广不力。由于处于水资源相对丰富地区，节水激励政策缺乏，农民对节水灌溉意识不强，加之科学化种田水平不足，实际灌溉用水量远远超过按理论计算的作物生理需水量，理论与实际脱节，且缺少必要的控制手段。

# 7.2 丰水区农业水价改革新模式

以“节水优先”为目标，以农业水价改革为纽带，依托国家投资高效节水项目，以峨眉山市作为试点，探索适合南方丰水地区，适宜新型农业经营主体的农业水价综合改革模式。试点主要内容包括小型水利工程的管护责任、灌溉水价及水费收取、节水协议和水利工程的维修养护模式。

## 7.2.1 改革措施

1. 完善农民用水合作组织建设

峨眉山市目前存在的农户形态主要有自然农户、流转大户、农业合作社和农业企业四种形式，且规模变化较大。根据峨眉山市农户的现状特点，在现有协会的基础上，通过完善农民用水户协会建设，以协会为主要平台推进农业水价综合改革。

2. 健全协会组织架构

峨眉山市农民用水户协会是以乡镇为基础建立的，主要职责是协会内部用水管理组织、工程运行养护、水费计量征收等。针对峨眉山市土地流转规模小、数量多，以大户、专业合作社、农业企业为代表的新型农业经营主体和传统农户并存的特点，将协会原属于供用水管理的部分划分为自然农户服务部门和规模农户服务部门。自然农户服务部门主要负责传统小农户供水管理服务，规模农户服务部门主要负责以土地流转为基础的农业大户、专业合作社和农业企业的供水管理服务工作。具体组织构架见图 7-1。

3. 优化协会职能

根据《关于加强农民用水户协会建设的意见》（水农〔2005〕502 号），结合峨眉山市的具体实际，新成立的农民用水户协会主要承担工程建设、工程管理、灌溉管理及水费计收等方面的工作。

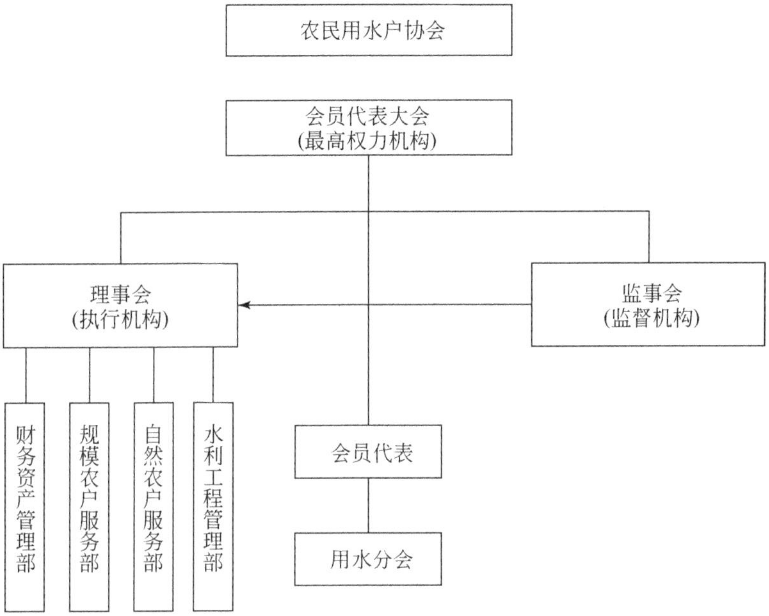


图 7-1　协会组织架构

**1）工程建设**

随着农民用水户规范化建设步伐的推进，农民用水户协会将承担群众监督职能，作为项目申报、建设及管理主体，实行“三位一体”的工程建设管理模式。

**2）工程管理**

工程管理主要的事务有：灌前全面检查，灌期巡堤护水，灌后组织修复；支、斗渠及其建筑物维修养护、更新改造。

**3）灌溉管理**

灌溉管理主要的事务有：每年灌前统计各类农作物种植面积，确认实际用水对象；根据灌溉水期表，向用水组与农户下达配水计划，制定灌溉时间，分配灌溉水量；维护灌溉秩序，遵守灌溉纪律，服从统一调度。

**4）水费计收**

每年根据各类农作物的种植面积、灌溉类型及用水户对象，按照政府核定的供水价格进行水费征收。

4. 加强协会建设

**1）落实协会办公场所**

适宜的办公场所是协会运行必不可少的条件，应按照农民用水户协会规范化建设规划为农民用水户协会落实相应的办公场所及办公设施。

**2）培训执委会成员和用水户代表**

结合会员代表大会的召开，以会代训，或会后专门用一段时间对协会执委会成员、用水户代表进行管理技能培训。培训内容主要包括协会规章制度、灌溉管理和水费计量征收程序。

**3）完善协会制度**

修订和完善灌溉工程维护（建设）计划，规范灌溉用水计划编制与管理，改进用水计量、供水费用核算、水费收支管理等工作的制度办法。

5. 探索新型农业经营主体的灌溉供水服务体系

以农业大户、专业合作社和农业企业为代表的新型农业经营主体是峨眉山农村产业现代化的发展趋势。这些经营主体通过土地流转形成了一定规模，具有市场意识强、接受能力强、对生产要素价格敏感等特点。因此，探索和创新专门针对新型农业经营主体特点的灌溉供水服务体系，是峨眉山市农业水价综合改革的重点和焦点。主要内容包括：实行水权分解到户，试点灌溉供水计量到户，实行分类分档水价机制、节水奖励机制和小型农田水利设施运维补贴机制。

**1）实行水权分解到户**

依据水权随土地流转权而流转，对新型经营主体分配初始水权。以《四川省用水定额》（DB51/T 2138—2016）中对峨眉山地区的定额标准为依据，结合新型经营主体的种植结构和种植规模，计算灌溉需水量，按耕地比例与分会内综合水权进行比较，选择最小值作为该新型农业经营主体的初始水权。

**2）试点灌溉供水计量到户**

以涉农涉水资金支持项目为试点，在安装计量设施的大户中试点灌溉供水计量到户，并结合灌溉用水分解到户的数值，对试点大户开展用水总量控制、定额管理制度。

**3）实行分类分档水价机制**

按照《峨眉山市发展和改革局、峨眉山市水务局、峨眉山市财政局关于制定峨眉山市农业供水价格的通知》（峨发改价格〔2018〕22 号）的要求，对经济作物终端水价按 0.12 元/$m^3$标准供水，并且实行“定额内基本水价、超定额累进加价”制度。

**4）实行节水奖励机制**

农业大户、专业合作社和农业企业等新型经济主体是峨眉山市农业节水奖励的主要对象。奖励积极推广应用工程节水、农艺节水、调整优化种植结构等实现农业节水的用水主体。

**5）实行小型农田水利设施运行维护补贴机制**

对于国家投资建设，用于新型经营主体日常灌溉服务的各类水利设施，为了在充分发挥设施功能的同时，实现工程保值增值和有效运行，可由协会与经营主体签订水利设施运行维护协议。在节水、按时交纳水费的基础上，可通过协会申请水利工程维修养护经费补助。

## 7.2.2 确定农业用水水权

### 1. 基本原则

农业用水水权是水权的一个重要组成部分，是指为了农业灌溉的需要而取水的权利，是生产水权中的再分。农业用水水权实质上是对一定量的水资源在一定时间段内的使用权。峨眉山市在配置农业用水水权时应遵循以下三个原则：

（1）区域综合灌溉水权代表自然农户取水权。鉴于峨眉山市水资源相对丰富，渠系众多且规模偏小，灌排关系复杂等特点，以及缺乏计量设施的现状，短期内峨眉山市难以做到灌溉计量到户。现有的计量设施，无论是跃进渠灌区，还是峨眉河湖管理处，均处于试点起步阶段，主要是对支渠口或取水口用水计量。计量点以下，很难做到封闭区域精准核算水量。因此，可综合考虑人口、耕地、水资源禀赋和农业发展需求，以适宜的灌溉定额和种植结构加权，计算区域综合灌溉水权。

（2）地块水权随土地流转而转移。对于土地流转形成的新型农业经营主体，其地块的初始水权随土地流转转移到土地流入方。

（3）新型经营主体的灌溉水权分解到户。充分考虑新型经营主体的种植结构现状和用水需求，将用水需求与加权水权相比较，值小者为到户灌溉取水权。

2. 农业用水“总量控制和定额管理”控制指标

结合《峨眉山市水资源综合规划》成果，初步核定峨眉山市2020年农田灌溉总量控制红线指标为8740万$m^3$。

根据《四川省用水定额》（DB51/T 2138—2016），峨眉山市主要农作物灌溉定额标准见表7-1。加权平均后，跃进渠片区综合灌溉定额288$m^3$/亩，峨眉片区综合灌溉定额为250$m^3$/亩。

**表7-1　峨眉山市主要作物灌溉定额标准**　　（单位：$m^3$/亩）

| 作物 | 水稻 | | | 育秧 | | 玉米 | 红苕 | 小麦 | 油菜 | 土豆 | 大春蔬菜 | 小春蔬菜 | 茶叶 | 花卉 |
|---|---|---|---|---|---|---|---|---|---|---|---|---|---|---|
| | 泡田 | 掺水 | 小计 | 旱育 | 水育 | | | | | | | | | |
| 平均值 | 117 | 172 | 288 | 43 | 79 | 37 | 32 | 28 | 45 | 40 | 25 | 82 | 100 | 139 |

3. 农业初始水权分配

在总量控制和定额管理的约束下，根据实际灌溉面积分配初始水权。农业初始水权包括三类：协会综合水权、规模农户水权和自然农户综合水权。以2019年为例，经过初步调查，峨眉山市有各类新型经营主体2.5万亩，主要种植蔬菜、花卉、茶叶等经济作物。规模农户（新型经营主体）灌溉面积占20%，灌溉初始水权（田间）占综合水权的11%。具体结果见表7-2。

**表7-2　峨眉山市各协会初始水权分配（2019年）**

| 乡镇 | 耕地面积/亩 | 协会综合水权/万$m^3$ | 规模农户水权/万$m^3$ | 自然农户综合水权/万$m^3$ |
|---|---|---|---|---|
| 大为镇 | 701 | 49.64 | 9.74 | 39.91 |
| 峨山镇 | 5945 | 421.00 | 4.54 | 416.46 |
| 符溪镇 | 17306 | 1225.55 | 34.13 | 1191.42 |
| 高桥镇 | 4284 | 303.38 | 13.38 | 289.99 |
| 桂花镇 | 19921 | 1410.73 | 72.31 | 1338.42 |
| 罗目镇 | 9613 | 680.76 | 129.40 | 551.36 |
| 新坪镇 | 11048 | 782.38 | 13.98 | 768.40 |
| 九里镇 | 13492 | 955.45 | 204.20 | 751.25 |
| 乐都镇 | 5118 | 362.44 | 309.34 | 53.10 |

续表

| 乡镇 | 耕地面积/亩 | 协会综合水权/万 $m^3$ | 规模农户水权/万 $m^3$ | 自然农户综合水权/万 $m^3$ |
|---|---|---|---|---|
| 龙门乡 | 1324 | 93.76 | 35.34 | 58.42 |
| 胜利镇 | 8266 | 585.37 | 22.29 | 563.08 |
| 双福镇 | 15774 | 1117.06 | 10.81 | 1106.24 |
| 龙池镇 | 1281 | 90.72 | 0.00 | 90.72 |
| 川主乡 | 430 | 30.45 | 0.00 | 30.45 |
| 沙溪乡 | 582 | 41.22 | 0.00 | 41.22 |
| 普兴乡 | 940 | 66.57 | 0.00 | 66.57 |
| 黄湾乡 | 1176 | 83.28 | 0.00 | 83.28 |
| 绥山镇 | 6217 | 440.26 | 0.00 | 440.26 |
| 合计 | 123418 | 8740 | 859.46 | 7880.54 |

4. 水权调整

水价改革全面实施后，逐步建立水权调整机制。建议为每年度调整一次，上一年度的水权分配总量小于峨眉山市农业用水总量的，可对转化种植结构后有农业用水需求增加的用户调增水权。

## 7.2.3 水价机制

1. 水价定价机制

峨眉山市农业水价由骨干工程水价和末级渠系水价两部分组成。实行分类定价，水稻、小麦、玉米等粮食作物在用水定额内，骨干工程水价为 0.06 元/ $m^3$，末级渠系水价为 0.05 元/ $m^3$，终端水价为 0.11 元/$m^3$；经济作物、养殖业和其他用水在定额内，骨干工程水价为 0.06 元/$m^3$，末级渠系水价为 0.06 元/ $m^3$，终端水价为 0.12 元/ $m^3$。

实行超定额累进加价制度。超定额 20% 以内，末级渠系水价每立方米加价 0.02 元；超定额 20% 以上部分，每立方米加价 0.04 元。超定额加价部分统一由农民用水户协会收取，用于协会内部工程管护、节水奖励和补贴。

2. 水费征收机制

鉴于乐山市、峨眉山市农业用水骨干工程正常运行经费已实现财政转移支付，按照总体不增加农民负担的原则，峨眉山市骨干工程水价继续通过财政转移支付实行定向补贴。末级渠系水价（含自取水灌溉）执行定额内基本水价、超定额累进加价的水费征收机制。

对于自然农户水费征收，以区域自然农户综合水权为控制标准，水权控制标准内，按基准水价加协会运行费，均摊到亩计费。建议按 5 元/亩收取末级渠系供水水费。

对于规模农户水费征收，以户为单位，定额用水内按照用水 0.06 元/$m^3$标准征收水费，超定额按超定额累进加价制度征收水费。

3. 农业用水精准补贴和节水奖励制度

**1）农业用水精准补贴机制**

为确保水价改革工作顺利进行，保证全市农田水利工程良性运行，支持协会正常运转，需建立农业水价精准补贴机制。

（1）补贴资金来源。补贴资金主要来源于财政安排的岁修资金。

（2）补贴对象。补贴资金主要用于每年承担市管工程维修养护的河湖管理处、承担末级渠系维修养护和灌溉供水管理的农民用水户协会。

（3）补贴方式。按基础补贴加奖励补贴相结合的方式。基础补贴包括保持协会运行最低经费需求、保证协会内农田水利设施基本维修养护需求。奖励补贴根据各协会上一年在灌溉供水管理服务、灌溉计量收费情况、灌溉节水效果和工程运行维修养护成效综合考核结果，绩效考核得分越高，奖励补贴标准越高。

（4）补贴程序。沿用之前“以奖代补”程序，群管工程实施主体由乡镇转变为农民用水户协会。各村专职管水员依据灌溉工程运行维护情况提出申请，村级农民用水分会统计后，汇总到协会总会。协会统一编制申报材料，上报河湖管理处，河湖管理处接到申请后，进行审核把关，对符合补贴范围的向市财政局和市水务局进行申报，对不符合申报范围的退回。市财政局和市水务局联合审定后将补贴直接发放到协会账户，由协会公示分配资金使用情况。

**2）农业节水奖励机制**

为提高农民的节水意识，科学用水、科学种田，实行定额内节约用水的节水奖励制度，通过节约用水获取奖励，充分调动农民节水的积极性、主动性，由“要我节水”向“我要节水”转变，达到降低能耗、节水的目的。各协会在保障水利工程正常运行的基础上，建立节水奖励基金，对采取节水措施、积极调整种植结构促进农业节水的农户按年度给予奖励。

（1）奖励资金来源。奖励资金来源包括协会岁修补贴资金、超定额累进加价水费收入、规模用水户部分水费收入。

（2）奖励对象。主要用于采取节水措施，积极调整种植结构促进农业节水，实现用水量小于用水定额的用水户。2020 年之前，限于执行计量收费规模农户。

（3）奖励标准及方式。根据用水户全年实际用水量与核定限额用水量差值，按定额内水费比例奖励农户。依据“不用不奖、多节多奖”的原则进行奖励，奖励最高标准可达到实缴水费的 60%。

（4）奖励资金管理。节水奖励资金定期公开公布，接受水务局、河湖管理处、乡镇政府监督。由协会执委会同各分会专职水管员，根据初始水权分配结果、节水技术使用情况和水资源使用状况，确定获奖人员，在各村进行张榜公示，并在电视台进行宣传，进一步增加农民灌溉节水意识。

## 7.3 试点区农业节水新模式

### 7.3.1 规模用户有条件无偿获得水利工程使用权

对国家投资修建的，且管理权已明确移交给协会的农田水利设施，协会可与工程受益大户签订工程使用协议。明确规模农户通过有条件无偿使用形式获得工程的使用权，并负责工程的维修和养护。在委托期限内，规模农户有责任对水利工程进行维修养护，确保工程设施不被破坏，并保证工程的正常运行。

### 7.3.2 精准计量、按方收费

对试点农户灌溉水权分解到户，利用计量设施对灌溉用水实行“精准计量、按方收费、超定额累进加价”的水价制度。灌溉水价按 0.12 元/ $m^3$的标准执行。灌溉取水量以工程配套流速仪计量数据为基础，以初始灌溉水权为基本限额。限额内执行基础水价，即0.12元/m³；超过限额20%以内，每立方米加价0.02元；超过限额20%部分，每立方米加价0.04元。

水费计收以自然年为计算基础，实行年初预交，年终核算，多退少补的办法。年初，根据核算的灌溉水权，以基准水价计费，预收60%，年末根据实际用水量核算全年水费，实行“多退少补”。

### 7.3.3 合同节水

为了带动和鼓励用水户采用节水灌溉，促进节约用水，在试点区开展“合同节水”机制。

（1）协会成立节水基金，基金来源由灌溉水费和峨眉山市财政下达的节水奖励资金共同承担。节水基金主要用于奖励用户节水行为、补助高效节水灌溉设施设备的维修养护。

（2）试点农户在协会的监督下采用以滴灌、微喷灌、管道灌溉等的高效节水方式，再以各类计量设施计量灌溉取水量。

（3）依据试点农户实际灌溉水量低于灌溉限额的程度不同，协会按相应比例返还所交水费，作为对节水行为的奖励。实际灌溉取水量为取水限额的70%～100%，返还所缴水费的40%；实际灌溉取水量小于限额70%，返还所缴水费的60%。

（4）依据节水程度的不同，试点农户可申请节水基金，用于补助高效节水设施的维修养护。

连续三年实际取水量不超过取水限额，可申请100%设备维修养护经费补助；连续三年内一年超过取水限额，可申请60%的设备维修养护经费补助；连续三年内有两年超过取水限额，自动失去补助资格。

设备维修养护经费补助由试点农户向协会申请，经核实后由协会所在乡镇政府批准，并报峨眉山市农业农村局和水务局备案。

## 7.4 成效评估

通过改革试点，初步取得了“破三无、克两难、一创新”的成效。

### 1. 破解农业水价“无计量、无缴费、无标准”的难题，实现峨眉山市农业水价综合改革的大跨越

峨眉山市属于水资源相对丰富的地区，具有地块分布不成规模、渠系众多，难以实现计量到户等特点，农民用水没有灌溉缴费的习惯，处于大水漫灌这种没有用水标准的“无计量、无缴费、无标准”的“三无状态”。

用水计量方面，通过农业水价改革，在高效节水灌溉试点区安装智能超声波水表、智能阀门和管道监测系统等设施，计量设施配套率达到100%。在渠灌区关键节点渠道开展标准化断面改造，增设量水堰或量水尺，结合“水位-流量”关系曲线开展斗渠控制范围内的灌溉计量。

水费征收方面，与用水户签订工程管护协议和用水协议，明确国家投资的高效节水灌溉项目的受益农户率先实行“按方收费、超定额加价、节水补贴”的模式。对采用节水设施的用水户，实行年初预缴纳水费，年底统一核算的制度。如果实际灌溉水量在水权以内，按比例返还水费。如果超过定额，则加征水费。

灌溉定额标准方面，参照《四川省农业生产取用水限额（试行）》，结合峨眉山市最严格水资源管理三条红线确定的用水总量控制红线，按地块分作物确定了农田灌溉初始水权，每年公布农业水权计划表，作为灌溉计量和水费计收的标准。

### 2. 克服“协会运行难、工程管护难”的难题，初步形成农业水价综合改革的峨眉山模式

在制度和机制的保障下，以乡镇为基本单元组建农民用水者协会，各行政村、上规模的产业园区和用水大户为协会的分会成员。明确农民用水户协会在农业水价改革中的主体地位和作用，出台峨眉山市终端用水组织管理办法。同时，峨眉山市小型水利工程确权工作已经完成，共涉及18个乡镇，统计完成峨眉山市小型水利工程任务量7661宗，涉及颁发使用权证书1222本，所有权证书433本。明确将国家投资的工程确权到农民用水者协会。建立健全用水调度、财务管理等9项制度，加强工程的日常管理和维修养护，实现管护机制、主体、责任和经费的“四落实”。

### 3. 创新“合同节水”新模式，以节水奖励机制促进节水技术的推广和实施，实现精准节水和精准奖励

在明确政府投资的高效节水工程产权属于用水者协会的前提下，通过协会与

用水户签订水利工程设施使用协议和灌溉用水协议，明确工程受益户可有条件地免费获得高效节水灌溉工程的使用权。一是精准计量、按方收费。对试点规模化农户实行灌溉水权分解到户、计量设施配套到户、用水计量精准到户，水费收取以分解水权为基本定额，实行“定额内基础水价、超定额累进加价”，水费计收以自然年为计算基础，实行年初预交基础水价 60%，年终核算，多退少补。二是建立节水奖励和补贴专款，实行合同节水。协会与农户签订“合同节水”协议，对农户节水进行奖励，并在节水行为的基础上，对节水设施的运行维护费用进行一定补贴。专款由水费和市财政下达节水奖励资金共同承担。

# 第 8 章 我国农业节水体制机制现状及问题

## 8.1 我国农业节水体制机制现状

从中华人民共和国成立初期到 20 世纪 70 年代末 80 年代初，中国处于计划经济时期，对水资源的中央集权表现为对农业水资源和农田水利设施管理上的行政管理和分配。这一段时期，农村的微观经济体制经历了互助组、合作社、人民公社的变革。中华人民共和国成立之后到 1953 年前，中国农业生产和农村基础设施在经历了战乱的破坏之后亟待恢复和重整。此时，农村的经营方式仍是以农民家庭为基础，但同时也加入了农民自主联合成为劳动互助小组的形式，其中生产资料依然是农民私有。之后的 1954 ~ 1957 年，农业合作社迅速发展，全国大部分地区很快经历了农业生产的初级社向规模更大、集体化程度更高的高级农业生产合作社的转化，从而农户的生产资料收归公有，合作社的集体劳动取代了家庭为基础的生产形式。在高级农业生产合作社内，原本归农户所有的土地、农具、耕牛等生产资料，以及农田基本的水利设施分别以无偿或折价收买的方法转为合作社的集体财产。1958 年 8 月，中共中央发布了《关于在农村建立人民公社问题的决议》，同年 12 月又发布了《关于人民公社若干问题的决议》。于是在数月之后，农业合作社又转化为规模更大、范围更广的人民公社体制。在此制度下，人民公社成为农村集体组织的主体形式，农业生产的计划和组织都由其统一进行，而农业生产资料、农村基本农田与水利设施都属于集体所有，并由在基层建立水利管理小组或指定专人对当地渠道等基本建设和农业用水进行管理。从全国整体来看，水资源（河流、湖泊等地表水资源）的行政管理体系在这一时期逐步建立并完善，在地方建立了各个级别的水行政主管部门，在农村主要是以“人民公社—村—大队”为形式的三级分层管理体制。并且，在全国各重点河流流域建立了流域性的水资源管理分配机构（如黄河水利委员会），在灌区建立灌区管理委员以专职负责本区水利工程的管理、农业水资源的分配以及农业灌溉事务的开展。总的来说，农业灌溉用水制度表现出了极高的计划经济的特征，即不论是对农业用水的分配还是农田水利基础设施的修建和维护都有着自上而下的指令性特征。

基于以上的灌溉用水制度，这一时期国家的灌溉事业在中央的领导下发展迅猛，各级地方政府利用国家的强制力量，广泛动员和组织农民群众开展大规模的农田水利设施的改造与兴建，填补了旧中国水利设施建设的两个空白：一是兼防洪、灌溉、养殖等多项功能为一体的大中型水库的大量修建；二是提水工程的兴修和提水机械的广泛使用。这段时期，农田水利设施兴建的力度很大，20 世纪末的中国农村运作的水利设施基本上都是这一时期修建的。根据历史资料，这一时期水利设施建设在国家的大力支持和领导下取得了辉煌的成就：中华人民共和国成立之前，我国水利设施较少，且多因战争原因受到不同程度的损毁，只有大型水库 6 座，中型水库 17 座，小型水库 1200 座（含部分灌溉工程数），大中小水库共 1223 座（含部分灌溉工程数），总库容估计为 200 亿 $m^3$。而 1949 ~ 1976 年，全国共建成大型水库 302 座，中型水库 2110 座，小型水库 82000 多座，大中小水库 85400 多座，总库容达 4200 亿 $m^3$。

党的十一届三中全会以后，我国实施改革开放政策，农村实行家庭联产承包责任制，国家的经济体制从计划经济向市场经济转变。而传统的以行政方式来分配和使用灌溉用水及其相关设施的制度已经不能适应这种转变。因此，灌溉用水制度也在逐步调整，并进行了多种形式的探索与实践，主要表现在对水利工程投入经费来源和经营方式的调整。具体表现为：1985 年，水利电力部颁发《国家管理灌区经营管理体制的改革意见》，提出了灌溉工程供水单位属于事业单位，要实行企业化的管理方式，逐步转变成独立自主、自负盈亏的经济实体，从而国有灌溉工程管理经费由财政预算支付逐步转变为水费承担。而在先前的计划经济时期，灌溉工程的管理经费主要来源于各级财政，各地财政对灌区管理单位实行统收统支。1978 ~ 1984 年，经过灌溉水费改革的探索，水利电力部于 1985 年颁布了《水利工程水费核订、计收和管理办法》，灌溉工程管理所需的经费来源转变为农民缴纳的灌溉水费。财政管理的形式也由全额成本管理变为成本监控管理，并将灌溉工程管理基本划分为两种类型，即自收自支和定额补贴。其中，定额补贴主要是针对一些兼有防洪排涝以及高扬程提水的灌排工程，其余均改为自收自支。对已建骨干工程的扩建、改建、配套等内容所需的资金，通过基本建设程序由各级财政和受益对象共同承担。1988 年 11 月，国务院审批水利部《关于依靠群众合作兴修农村水利的意见》，并提出了建立县乡两级农村水利建设发展基金和农村水利积累工制度。随后的 20 世纪 90 年代，为解决小型水利设施产权不清等问题，开展了对此类灌溉水利设施转为私人经营性质的改制，主要有拍卖和租赁等形式。之后，我国开始引入国外普遍流行的农户参与的灌溉用水制度的试点即农民用水户协会。经过几十年的政策转变和制度变迁，改革开放后我国的灌溉用水制度已经从计划经济时期的由国家政府统一管理灌溉事务，投资灌溉供水的大小设施转而向市场经济条件下的灌溉工程管理单位以企业形式经营，以及民营、民间组织共同管理等多种主体参与的创新形式。这种转变是市场经济条件下我国农业生产及灌溉用水高效利用的必然要求，也是当前经济条件下对相应灌溉用水制度创新形式的探索。实践证明，这种制度变迁的过程对于我国灌溉用水效率的提高，以及供水设施和工程的有力维护起到了积极的作用，使得我国大部分地区的农业灌溉用水不再是可以无偿、不加限制地使用的纯公共物品，供水设施和工程的投资主体也相对多元化了。

## 8.2 我国农业节水体制机制存在问题

### 8.2.1 缺乏科学统筹规划

全面规划、合理布局是农业节水健康快速发展的基础。由于以往对农业节水发展战略和客观规律的研究不够，在指导和推动农业节水工作中存在着主观性和盲目性。有些地方不考虑当地的自然和社会经济条件，片面强调单项技术，盲目追求“先进技术”，造成一些节水工程高投入、低效益。有些地方对水资源状况不清，对上下游的关系研究不够，没有考虑生态环境用水，盲目扩大灌溉面积及高耗水作物，造成过量引用地表水，超量开采地下水。已经制订的一些农业节水发展规划，由于没能很好地与当地的水资源规划、农业发展规划、生态环境建设规划及国民经济总体规划相协调，往往难以落实。

### 8.2.2 管理体制不适应

1. 水资源管理不统一

《中华人民共和国水法》规定，“国务院水行政部门负责水资源的统一管理”，但目前尚未形成统一的管理体制。造成河流的上下游、左右岸、地表水与地下水、取水与排水、清水与脏水的管理不统一，有限的水资源不能得到合理、高效的开发利用。处于上游及靠近河流的地区无节制地引水，不仅浪费了水资源，而且引发土壤次生盐碱化，甚至造成下游河道断流。在下游和距河流较远的地区，由于河水供不应求而大量开采地下水，造成地下水水位持续下降，形成一系列生态环境问题。在许多灌区，由于地表水与地下水没能实行统一管理，不同水源的水价政策不协调，致使能有效提高灌区水资源利用效率的井渠结合方式长期难以推广应用。

2. 灌区管理体制不适应

目前我国灌区管理体制基本上是事业型的，不能适应市场经济发展的要求。存在如下的主要问题：一是产权不清。主管部门与灌区及用水者的职责模糊，灌区及用水者只管用不管修，致使国家和各级政府投资建设的工程不能发挥应有的效益，更不能保值增值。二是经营不能自主、经费不能自给。灌区管理单位对灌区工程建设和水量调度缺乏自主权，行政干预较多。目前灌区的主要经济收入是水费，由于水价普遍低于成本，多数灌区入不敷出，不能维持简单再生产。许多灌区为了增加水费收入而设法鼓励农民多用水。三是灌区用水计量设施不配套，主管部门对灌区用水定额与节水指标没有考核。四是灌区管理机构臃肿，增加了灌区负担。五是用水户参与管理的机制尚未普遍建立起来。

### 8.2.3 投入严重不足，投资政策不合理

20 世纪 80 年代以来，水利基本建设投资占全国基本建设总投资的比例逐年下降，在水利基本建设投资中灌溉工程的比例也在不断减小，由 50 年代的 30% 降到 1994 年的 10%。农业实行联产承包责任制以来，地方对农田水利的投资和农民投劳均大幅减少。1999 年以来，国家大幅度增加水利投资，但主要用于大江大河的整治。据统计，“九五”前 3 年，我国节水灌溉工程建设总投资约 250 亿元，其中，国家基建投资仅 10 亿元，其余来自农民自筹和贷款。由于农业是弱质产业，广大农民的收入还很低，难以承担全面推进农业节水的投资需求。

从目前国家水利投资政策看，只有电站、大坝和堤防工程能立项，节水灌溉

工程难以立项。1997 年国务院发布的《水利建设基金筹集和使用管理暂行办法》中的规定：中央水利建设基金主要用于关系国民经济和社会发展全局的大江大河重点工程的维护和建设。从现行的农田水利投资政策看，国家只投资输水量在 $1m^3/s$ 以上的干、支渠道，其他小型渠道及田间工程由地方配套建设。由于国家投资与地方配套及农民投劳没有形成一体化管理，地方配套资金和农民投劳往往不落实，致使许多灌区形成了“半拉子工程”，国家投资不能发挥应有的效益。此外，由于目前国家和地方政府对农用机井投资很少，主要靠农民投资，致使一些可以实行井渠结合的灌区也不能落实。

### 8.2.4 水价低，水价政策不到位

目前我国农业水价政策主要存在以下三方面问题：一是水价过低。我国现行的供水成本计算只包括供水工程的基本折旧费和运行管理费，没有考虑利润、水资源费等，定价明显偏低，目前大部分灌区实行的水价还普遍低于供水成本，而相应的节水投资大大超过收取的水费，导致不能够调动农民节水投资的积极性。二是地表水和地下水收费政策不统一，不利于区域水资源的高效利用。三是“大锅水”问题普遍存在。由于灌区渠系控制及量水设施不配套，不能实行按方收费，普遍实行按面积计收水费。这种水费计收办法不仅不能限制农民多用水，反而使农民产生少灌水吃亏的想法。

### 8.2.5 技术体系不健全，节水灌溉设备不配套

多年来科研单位研究开发方向分散，企业研究开发能力不足，以及产、学、研结合不紧密。整体来看，我国农业节水的科技创新能力不足，成果转化率低。原有的技术服务推广体系已不适应农业节水技术普及和推广的要求。目前我国已经建立了门类齐全的节水灌溉设备生产企业，产品数量基本满足需求。但由于生产企业规模小、技术水平低、生产装备及产品质量比较差，没有形成规模化、系列化和标准化生产。

# 8.3 我国农业节水体制机制研究

## 8.3.1 构建和谐的农业用水规则体系

我国的水问题不单纯是水资源本身的问题，而是由人口、生态和经济系统相互冲突形成的社会问题。在此意义上，解决中国水资源问题的思路也不应该仅仅是一种技术的思路，必须是通过调控人类的行为实现水资源的合理开发利用与保护机制，实现人与自然的和谐共存。要实现农业节水，必须创新和建设节水制度、节水经济、节水科学技术和节水文化，建立全面节水机制。

农业节水体系建设首先要构建包括水政策、水文化和农业节水法律在内的和谐的农业用水规则体系，关注法律和其他规范的融合度。水法律具有法的绝对强制力，涉及与农业节水相关的所有法律法规；水文化包括与农业节水相关的习俗、惯例以及道德规范；水政策指国家为实现农业节水制定的行动准则。水法律、水政策和水文化三者相互渗透、互相补充，共同促进和谐农业用水规则体系的构建。

## 8.3.2 制定《农业节水条例》

农业节水作为节水型社会建设的重要组成部分，其节水法律制度建设在农业节水法治化建设中具有基础和核心的地位。为了有效缓解农业水资源供需矛盾，解决农业水资源粗放式利用问题，实现农业节水目标，抓紧制定《农业节水条例》，作为统领农业节水工作的法律依据和法律保障刻不容缓。《农业节水条例》将农业节水的原则和要求以法律形式固定下来，明确各级政府和广大农民实施农业节水的责任和义务，明确大中型灌区的性质和法律地位，确立水费制定的原则与征收方法，明确农业节水管理体制及节约水资源转让等经济法律问题。至少应该包括：①农业节水的指导思想、目标任务和原则，农业节水的定义，农业节水管理部门，实施节水的责任主体及农业节水的方式和手段；②农业节水规划制度；③农业水资源权属配置、农业初始水权确认和农业用水权交易制度；④农业节水技术的研究、推广和应用措施；⑤农业节水激励保障措施；⑥违反农业节约用水的法律责任。

### 8.3.3 加强农业用水权制度建设，促进农业水资源优化配置

水权制度是节水型社会建设的核心制度建设。在市场经济条件下，通过水权制度建设，建立以水权制度为核心的水资源管理制度，可以有效地实现资源的有效配置，提高资源配置的效率和效益，从而实现节水型社会建设的目标。通过加强农业用水权制度建设，可以有效界定、配置、调整、保护和行使农业用水权，明确政府间、政府和农户间以及农户间的权、责、利关系的规则，从法制、体制、机制等方面对水权进行规范和保障。

### 8.3.4 科学合理配置农业用水权

农业初始水权的合理确定要考虑总额、数量、定额和影响因素等多个方面。总额就是流域或者行政区域水资源可利用总量或者可分配的水量；数量就是灌溉面积、人口和产品产量；定额就是按照该地区农业用水定额核定的用水量；影响因素包括农业用户的实际取水量和理论取水量、不同地区农业对水资源的依赖程度、能增加农业有效可利用水量的投入、地区开发政策倾斜、重要灌区保护政策倾斜和贫困地区政策倾斜等。在全面考虑以上各种因素的基础上，对农业用水权采取生态用水预留，基本农业生活用水按人口分配，多样化需求生产用水采取兼顾人口、面积和产值三者因素的混合模式来合理确定农业用水权。

### 8.3.5 明确农业用水权的法律定位

以确认农业用水权促进农业节水，必须以强制力来维护农业用水权的权威性，保护农户的合法权益。首先，要确立农业用水权的法律地位，即对农业用水权的用益物权加以规定；并对农业用水权配置、使用、转让的范围、转让条件和程序、内容、方式、期限、计量方法等方面明确规定；其次，明确赋予农业用水户的水资源使用权，并且允许依法取得的水资源使用权可以以合法方式转让，以实现农业水资源的合理配置；再次，赋予农业集体经济组织对其所有的水塘和修建的水库中的水所有权，赋予其他投资者对其修建的水塘水库中的水所有权，允

许其对水塘水库中的水实施处置行为，但要向国家缴纳水资源费，以体现水资源的国家所有权。

## 8.3.6 建立完善农业用水权交易制度

水市场是通过市场交换取得用水权的机制和场所，农业用水权交易必须在水市场中运作和开展。在水市场发育的初级阶段，要从管理机构设置，建立水市场运行规则，界定可交易水权，制定水权交易规则，规范交易成本和交易价格、交易的程序和方式等方面完善农业用水权交易制度，推进农业用水权的有偿规范转让。

## 8.3.7 完善农业水价制度，建立符合市场经济规律的水价形成机制

《中华人民共和国水法》第四十八条规定，对直接从江河、湖泊或者地下取用水资源的单位和个人，征收水资源费。第四十九条规定，用水实行计量收费和超定额累进加价制度。第五十五条规定，使用水工程管理的水，应当按照国家规定向供水单位缴纳水费。供水价格应当按照补偿成本、合理收益、优质优价、公平负担的原则确定。这表明国家已经将水定位为一种稀缺性资源。无论是丰水地区还是缺水地区，都需要节约用水来提高水资源的利用效率和使用效益。完善农业水价制度，对于树立水的商品意识，调节用水户的用水行为，促进农业节水发展，并最终实现节水型社会的建设具有十分重要的意义和作用。因此，水价的形成应该以《中华人民共和国水法》、《水利工程供水管理办法》和《取水许可和水资源费征收管理条例》等现行法律为依据，又必须考虑我国农业水资源的特征和农业用水的特点，建立有利于促进农业节水和农业水资源持续利用的水价体系。确定科学的水价制定依据如下：

一是所有权因素。直接从江河湖泊等水体取水，应当缴纳水资源费。其原因在于水资源所有者不但享有所有权，还要投入大量的人力、物力、财力进行水工程建设、水资源管理等活动，水资源费不仅是一定水资源的对价，还是对所有者投入的一种补偿，它应该是水市场价的基准价。

二是可供水量的因素。制定水价应当考虑当年水资源的丰枯程度，在确定可

分配水资源的基础上确定水价。这是因为在市场经济条件下，水资源价格应随供需价格的变化而波动，这也是以供定需原则在水价上的反映。

三是地域、季节因素。我国水资源地域、季节分布极不平衡，农业用水季节性强，甚至出现“水多少用、水少多用”逆消费特点。因此，对水资源丰沛的地区实行低水价，水资源相对短缺的地区实行高水价；对丰水季节实行低水价，枯水季节实行高水价，以避免无节制取水，造成水资源浪费。

四是农民实际承受能力。一般来讲，农民对水价的实际承受能力由经济承受能力和心理承受能力共同决定，其中经济承受能力是基础，对心理承受能力产生决定性的影响，制定水价时也要兼顾超低收入人群的承受能力。我国《水利工程管理办法》规定：农业用水价格按补偿供水生产成本、费用的原则核定，不计利润和税金，就是充分考虑农民的实际承受能力。

五是种植作物因素。制定水价时也要考虑基本农田和经济作物的用水差异。经济作物的灌溉用水可实行高水价，基本农田作物因其满足人们基本物质需要，水价可实行低水价。

考察我国现有的水价结构，突出问题是不能真正体现市场供求关系和保护农业水资源的可持续利用。为此，一要完善水价构成。水价构成一般包括资源水价、管理水价、成本水价和环境水价四个部分。针对目前我国农业用水供水价格低于供水成本的现状，在农业水价制定时，要根据取水的途径来科学界定水价结构：使用水工程供水的农业用水水价在依据《水价》办法合理补偿成本，不计利润和税金的同时要考虑资源水价、管理水价和环境水价；直接从江河取水的水价包括资源水价和环境水价；农业生产取水的水资源费征收标准应当根据当地水资源条件、农村经济发展状况和促进农业节约用水需要制定。农业生产取水的水资源费征收标准应当低于其他用水的水资源费征收标准，粮食作物的水资源费征收标准应当低于经济作物的水资源费征收标准。二要实行差别水价。过去我国在水价制定上仅仅考虑用水量，对不同用途和不同作物实行同一水价，这种“一刀切”的做法造成农业水资源的极大浪费，不利于农业节水政策的推行。计量方式的落后导致亩用水量差异较大，普遍实行的“按灌溉面积收费”“按灌溉时间收费”“按用电量收费”“按灌溉次数收费”收费方式无法反映农业用水量，相反对农户却是一种“尽可能多用”的反向激励。为鼓励节约用水，我们应该实行差别水价，其具体做法是：应区分不同作物实行不同的水价，即粮食作物按完全供水成本核定，经济作物要加一定的利润；对季节性用水变化明显，水源丰枯变化较大的，应实行季节水价或浮动水价；为鼓励发展高效农业节水，应对其实行优先供水，优质优价；对用水效率低、用水矛盾突出的地区，应逐步推广自流灌区以斗口计量、井灌区井口计量水价；根据农户往年单位面积平均用水量核定用水基准，实行基准限额内正常水价、超过限额适用高水价和节约水量适用低水价的分段水价等。

## 8.3.8 构建公众参与制度，提高农户参与农业节水的积极性

公众参与制度是环境保护的重要制度之一，指公众依照有关的法律、法规或规章的规定，有权通过一定的程序或途径参与一切与环境利益相关的活动，如参与环境决策、监督等，使这项活动成为符合广大公民切身利益的一项制度。公众参与是社会主义民主原则在环境保护领域的延伸和发展，是公众的一项基本权利。无论是在环境法理论还是实践中，都具有十分重要的地位和作用，其目的是促进公众在环境保护的整个过程广泛参与，获取公众对与环境相关的各种活动的充分认可，并保护公众利益不受危害或威胁，进一步取得经济效益、社会效益和环境效益的协调统一。农业节水法制化建设中，公众参与节水活动的实践充分说明积极有效的公众参与制度是增强农民守法意愿，实现农业节水法治的有效途径之一，也是符合环境资源管理特点的富有成效的制度。

节约用水关键是要有广泛的公众参与、有效的政府组织和有洞察力的媒体参与。在制度设计上，构建公众参与制度应该包括三个方面：在农业节水相关法规、政策和规划制订前的“预案参与”，以成立农业用水协会为特征的“行为参与”，以信息公开引导农户自觉节水的“过程参与”。

一是农业节水制度制定的“预案参与”。主要表现在立法机关、水行政部门在制定节水的法规、政策和规划时，首先对是否需要立项及时征询公众意见，特别是制定农业水价、农业用水权转让、高耗水项目建设等，公众的意见征询更要充分、完备，必要的时候要举行听证会。这样既有利于调动公众参与的积极性，又能增强农民遵守节水法律制度的意愿，实现农业节水的目标。

二是以成立农业用水协会为特征的“行为参与”。指由农民民主选举产生的代表参与负责水权、水量的分配、管理、监督和水价的制定，用水协会要实行民主决策、民主管理和民主监督，充分激发广大农民参与农业节水的积极性。农民用水者协会管理模式向农民提供了四种有效激励：①集体选择激励，用水户自主

管理用水行为的制度安排激发了每个用水户的责任感，使绝大多数受规则影响的用水户能够参与对规则的订立和修改。因此，用水户有严格遵守规则的激励。②有效监督和分级制裁激励，能及时发现违规者并使不按规则行事的犯规者受到其他用水户的制裁。③冲突的自我解决机制，能将用水户因供水矛盾产生的，针对政府和灌区管理单位的不满，转化到用水者协会内部和协会与灌区管理部门之间。用水户自己用水，自己管理，自己解决来自各方面的矛盾。④成本与收益相对公平的激励，使支付同样的成本能得到相对平等的供水服务。河北、陕西、甘肃等地方成立的农业用水者协会改变了过去政府单一负责节约用水的情况，在平衡制约政府、供水单位和农户之间关系，提高节约用水的效率和质量方面发挥了积极的作用。

三是以信息公开引导农户自觉节水的“过程参与”。指定期召开公开的信息发布会，公布农业水资源供需现状，一方面保证公众知情权，另一方面使广大农户明白、理解和支持农业节水工作的目的，并进一步征求公众意见，以保障节水制度运行全过程合法有效。

## 8.3.9 健全用水制度，提高农业水资源的利用率

目前，我国对农业水资源的利用效率仍然停留在较低水平，这除了科学用水水平低和节水观念淡薄等原因外，更重要的在于用水制度的不健全。农业种植结构和灌溉方式缺乏合理的制度引导是造成我国目前农业节水制度落实不力的重要原因。尽管《中华人民共和国水法》规定，各级人民政府应当推行节水灌溉方式和节水技术，对农业蓄水、输水工程采取必要的防渗漏措施，提高农业用水效率。但是，对此在实践中缺乏具体的引导，以我国西部地区更为严重，其中突出的表现有三点：一是以往的种植目标多偏重早熟、高产、优质、抗病、耐寒等方面的追求，忽略了当地水资源的管理状况；二是对于有耐寒能力的新品种，国家未采取相应制度予以鼓励耕种，以致在追求高产的传统观念下，很多地方对有限的水资源进行掠夺式的使用；三是在农业节水灌溉推广方式上缺乏国家资金的扶持，节水灌溉方式如滴灌等节水技术的推广率较低，从而造成水资源的浪费。为此，有如下三点建议。

一是转变用水管理理念。农业节水法制化建设必须有相应的理念与制度的有效配合，新的管理体制要实现由“以需定供”到“以供定需”指导思想的转变，

由单一节水管理到全面节水管理的转变，由要素型节水管理到生态建设型节水管理的转变。

二是合理科学确定产业结构。根据不同区域水资源供需状况引导农民改变传统的产业结构，不种或少种生产期长、用水量大、产量低、经济效益不明显的农作物；鼓励发展新型的生长期短、产量高、耐干旱的农作物；积极帮助农民使用高新技术、提供资金支持、组织产品市场、实现经济效益、克服水资源短缺所带来的困难。

三是改变传统的灌溉方式。引导农民改变传统的大水漫灌方式，采取新型的节水灌溉方式和节水技术，如滴灌、微灌、渗灌等；对新技术推广所需资金，政府应当给予积极扶持；对采取节水灌溉的农业用水适用低水价，以体现政府的宏观调控政策。

# 第 9 章 深化农业水价改革促进农业节水政策建议

继续深化农业水价改革除了要形成合理的农业水价形成机制，确定科学合理的农业灌溉价格水平之外，还应该同时推进和完善相关配套政策与措施。

## 9.1 建立和完善农业水权转让机制

农业水权在农业水资源的配置上包括两个层次的含义：一是微观上的定额管理；二是宏观上的地区与行业间的水权初始分配中获得的农业用水水权。农业水权转让机制必须建立在这两个层次的基础上，在政府确立了初始水权分配后，要在统筹兼顾生活、生产、生态用水的基础上，明确各地区农业用水总量和灌溉用水定额两套控制指标，作为管理农业用水的基本依据。国家负责各大流域用水总量分配，各级地方政府根据分配的指标，逐级分解。各省（自治区、直辖市）要合理制定本地区灌溉用水定额。各地区和用水户要在用水指标控制下节约用水、高效用水。对超定额用水实行累进加价，节约的水允许有偿转让。国家和省级水行政主管部门应加强对水资源分配利用和地下水开采状况的监察、审计。

## 9.2 建立和完善农业水价补贴机制

农业水价是调节农户灌溉用水行为、促进节约用水的有效方式。为了更有效地发挥农业水价的价格杠杆作用，同时为了切实减轻农民负担，有必要建立和完善农业水价补贴机制。建立合理的农业水价补贴机制应该遵从两个基本原则：一是补贴方式上实行从量补贴；二是在补贴对象上直补到农户。

以往我国实行的农业灌溉免费、低价政策实际上也是一种农业水费补贴政策，类似于从价补贴的方式，在核定的水价基础上降低农业灌溉水价。从表面上看，这样做可以减少农民在水费上的负担，但却无视了农业水资源的商品属性，其结果则会造成农民缺乏节水意识，造成水资源浪费；水管单位也会降低水利工程尤其是末级渠系管理、维护的积极性，对地区的农业水资源合理开发利用会造成较大的影响。而制定从量补贴可以避免从价补贴水价过低带来的问题，使用水户明确灌溉用水的成本，从而自觉地节约用水；同时，通过从量补贴也能够有效地减轻农民的水费负担。将水价直补到农户，一方面符合当前我国“三农”政策；另一方面增强农户的水费可承受能力，农业水价调整的空间进一步加大，价格的杠杆作用也能更好发挥，从而促进农户节水。

## 9.3 建立末级渠系节水改造投融资机制

末级渠系节水改造是我国当前灌区节水改造关注的重点，也是推行农业终端水价改革的重要前提。进行末级渠系节水改造必须解决投资问题，建立合理的末级渠系节水改造投融资机制。

末级渠系投融资机制的建立应该注意发挥公共财政、金融机构和农民三方的作用，坚持“以奖代补”的方式，以农民为主体，以公共财政“奖补”和金融低息、贴息贷款为推力，高度重视农民参与末级渠系改造的作用，以相对较少的公共财政投入调动农民投资、投劳的积极性，最大限度地发挥公共财政的作用。农民通过用水户协会组织以投工、投劳、少量投资的形式成为末级渠系节水改造的投入主体。公共财政“奖补”资金的来源应该充分挖掘现有国家财政“三农”支出用于农田水利设施建设资金的潜力，整合不同渠道的资金来源，并争取国家新增财政收入的倾斜。同时金融机构也应积极支持末级渠系节水改造，积极研究优惠的贷款政策，如加大贴息贷款力度、延长贷款年限。

## 9.4 改革完善水费计量和征收机制

长期的实践表明供水无计量，农民缺乏节水积极性，导致农业用水浪费严重。积极改造供水渠系和计量设施，加大农业末级灌渠改造的投入，逐步完善计量设施，是水利工程供水实行计量收费和超额累进加价的基础。鉴于当前农民承包的田块分散、面积较小的特点，普遍安装水表既不经济也不便管理，各地水利部门可引导农民使用简易量水堰或标准口门的方式进行用水计量。这种方式在新疆生产建设兵团已经得到实践，这样既解决了按方收费，也使得农民对自己使用多少水心中有数，其自身也可以参与监督，且简单经济，所以农民反映很好。

在水费征收方面，应该尽量减少征收的环节，避免出现搭车收费和中间截留的现象，采用农民用水者协会管理小型工程和收缴水费，水费的收取率高，也减少了中间收费环节。所以这种水费计征方式将成为今后水价改革的一个方向。

## 9.5 推广和引导农民用水户协会建立

由于我国农户是分散经营，数量多且规模小，不利于水权的分配和转让，增加了灌区管理难度，所以需要建立一个组织，将相对分散的农户每家每户的用水行为综合起来管理，达到农户用水管理自治，更好地保证农民的权益，增加农民在用水时的自主权，此时农民用水户协会的出现正符合了上述各项要求。

实践证明，农民用水户协会是一种有效的管理方式，它解决了所有权和管理主体的问题，把农民的利益和末级渠系紧紧结合在一起，克服了等靠要思想，使农民自主解决灌溉中存在的一些实际问题。农业水权转让机制、农业水价补贴机制、末级渠系节水改造和完善水费计量和征收机制等方面的完善和改革，都可以在农民用水户协会这个平台上很好地发挥。所以，各地应该推广农民用水户协会等自主管理的模式。

但需要引起注意的是，用水协会参与灌溉管理毕竟是新生事物，其实践时间还比较短，没有成型的经验和理论可供借鉴，相关法律欠缺，现有管理办法还很不完善。这些都有可能造成用水户协会在组建过程中的不规范，运作上容易受村级行政领导的控制，加上信息不对称，一些协会领导会为自己的私利而使行为偏离预定目标，从而背离协会组建的目标。

总的来说，要尽快制定、完善有关政策法规，特别是要对相关的水法规进行修订，增加有关条款和内容。明确与用水协会相关的法律依据和政策标准，明确基层政府在保证灌区可持续运行中应承担的责任、职责转移的范围、转移过程中及转移后政府部门与用水协会的权利、责任和义务，以及非常情况下的财政补贴政策，加大政府对灌区续建配套节水改造的扶持力度，以法律的形式加强政府对建立农民用水协会的紧迫感、责任感，使政府与农户之间实现双向互动，提高用水户管理的能力。同时明确农民用水户协会的成立过程是必须按照民主选举产生的，这样既保证了用水户协会的代表性，又能提高农民的信任度，促使水价政策更顺利地推行。

# 参考文献

边豪，朱满林．2013．基于价值-价格模糊模型的东雷二期抽黄水资源定价研究．水资源与水工程学报，24（1）：164-167.

蔡炯，田翠香，冯文红．2009．利益相关者理论在我国应用研究综述．财会通讯，（12）：51-54.

蔡威熙，周玉玺，胡继连．2020．农业水价改革的利益相容政策研究——基于山东省的案例分析．农业经济问题，（10）：32-39.

曹金萍，宫永波，黄乾．2014．山东省基于财政补贴的农业阶梯水价改革探讨．中国水利，（14）：54-58.

曹璐，刘小勇，张洁宇，等．2015．国外水价现状分析及启示．中国水利，（21）：55-57.

陈丹，陈菁，陈祥，等．2009．基于支付能力和支付意愿的农民灌溉水价承受能力研究．水利学报，40（12）：1524-1530.

陈宏辉．2003．企业利益相关者理论与实证研究．杭州：浙江大学博士学位论文．

陈欢，向昭，胡英国，等．2009．漳河灌区水价政策综合效应的分析．现代商业，（6）：70.

陈菁，陈丹，褚琳琳，等．2008a．灌溉水价与农民承受能力研究进展．水利水电科技进展，28（6）：79-83，94.

陈菁，陈丹，代小平，等．2008b．基于利益相关者理论的灌溉水价改革研究．节水灌溉，（9）：40-43.

陈靖．2011．灌区参与式管理改革的双向互动：甘肃个案．重庆社会科学，（10）：39-44.

陈琳．2019．新安江流域生态补偿的机制与对策研究．杭州：中共浙江省委党校硕士学位论文．

陈瑶．2017．区域农业水资源平衡分析与农业节水．节水灌溉，（10）：47-51.

程文辉．2017．沈阳市居民阶梯水价模型及应用研究．哈尔滨：哈尔滨工业大学硕士学位论文．

崔海峰．2015．农业水价改革研究：以山东省引黄灌区为例．泰安：山东农业大学硕士学位论文．

崔俊．2016．基于节水激励的农业水费分担模式设计．山西农业科学，44（10）：1546-1549，1567.

崔新玲，张春玲，付意成．2019．农业水价综合改革试点背景下成安县农业水权交易初探．中国水利，（8）：11-13，62.

戴冠来．2012．农业供水特点对其价格的影响．中国物价，（9）：18-22.

董文福．2007. 农业水资源价值计算方法研究．资源开发与市场，(12)：1093-1095.
董小菁，纪月清，钟甫宁．2020. 农业水价政策对农户种植结构的影响——以新疆地区为例．中国农村观察，(3)：130-144.
杜杰．2009. 开都河上游灌区农业水价改革与农民承受能力分析．水利发展研究，9 (3)：33-34，42.
杜俊平．2018. 农业灌溉水价与农户承受力及补偿机制研究进展．环境保护与循环经济，38 (9)：52-56.
杜俊平．2019. 西部干旱区农业灌溉水价的间接补偿机制研究．长春大学学报，29 (9)：24-30.
杜俊平，叶得明．2018. 干旱区农民农业灌溉水价承受能力及其影响因素研究——以甘肃省民勤县为例．贵州商学院学报，31 (4)：64-70.
杜丽娟，柳长顺．2008. 财政直接补贴农业水费研究．资源科学，(11)：1741-1746.
杜丽永，张旭青．2020. 农业水价综合改革与农户承受能力研究——以江苏省苏北灌区为例．新疆农垦经济，(9)：9-17.
段治平．2003. 借鉴美国水价管理经验，推进我国水价改革．山西财经大学学报，(3)：38-41.
封志明．2004. 资源科学导论．北京：科学出版社．
冯保清．2013. 我国节水灌溉利益相关者关系分析．中国水利，(21)：32-34.
冯广志．2010. 完善农业水价形成机制若干问题的思考．水利发展研究，10 (8)：26-32.
冯欣，姜文来．2018. 我国农业用水利益相关者研究进展与展望．中国农业资源与区划，39 (2)：8-12.
冯欣，姜文来，刘洋．2019. 农业水价利益相关者定量排序研究．中国农业资源与区划，40 (3)：173-180，187.
冯颖．2013. 农业节水技术补偿机制研究．杨凌：西北农林科技大学博士学位论文．
甘泓，秦长海，汪林，等．2012. 水资源定价方法与实践研究Ⅰ：水资源价值内涵浅析．水利学报，43 (3)：289-295，301.
高卫东，葛雯，叶永伟．2020. 农业灌溉用水效率的影响因素及解决对策探究．农业开发与装备，(2)：2.
高媛媛，姜文来，殷小琳．2012. 典型国家农业水价分担及对我国的启示．水利经济，30 (1)：5-10，71.
高志玥，李怀恩，张倩，等．2018. 宝鸡峡灌区农业供水效益 C-D 函数岭回归分析．干旱地区农业研究，36 (6)：33-40.
古璇清，罗怀彬，李跃祥，等．2005. 水稻灌溉效益的田间直接对比试验研究．广东水利水电，(2)：24-27.
顾宏，贾仁甫，李江安．等．2015. 农业用水精准补贴机制研究——以高邮市农业水价综合改革试点为例．江苏水利，(10)：10-12.

郭明远．2006. 节水农业的形成与灌溉水价改革．干旱地区农业研究，(2)：122-124.
贺雪峰，郭亮．2010. 农田水利的利益主体及其成本收益分析——以湖北省沙洋县农田水利调查为基础．管理世界，(7)：86-97，187.
胡继连，崔海峰．2017. 我国农业水价改革的历史进程与限制因素．山东农业大学学报（社会科学版)，(4)：22-29.
胡继连，王秀鹃．2018. 农业“节水成本定价”假说与水价改革政策建议．农业经济问题，(1)：120-126.
黄鑫．2018. 农民用水协会组建中利益相关者的行为策略研究．南京：南京农业大学硕士学位论文．
贾大林，姜文来．1999. 农业水价改革是促进节水农业发展的动力．农业技术经济，(5)：4-7.
贾生华，陈宏辉．2002. 利益相关者的界定方法述评．外国经济与管理，(5)：13-18.
姜文来．2003. 农业水价承载力研究．中国水利，(11)：41-43.
姜文来．2012-4-15a. 建立农业水价合理分担机制　保障农田水利可持续发展．人民网．
姜文来．2012b. 农业水价合理分担研究．中国市场，(16)：45-51.
姜文来，刘洋，伊热鼓，等．2015. 农业水价合理分担研究进展．水利水电科技进展，35（5)：191-195.
姜文来，冯欣，刘洋，等．2019. 合理农业水价形成机制构建研究．中国农业资源与区划，(10)：1-4.
姜翔程，解小爽，孙杰．2020. 农业水价综合改革的利益相关者分析．水利经济，38（1)：49-53，67，87.
蒋晓婧．2014. 基于行为经济学视角的干旱内陆区农户灌溉水价承受能力分析．兰州：甘肃农业大学硕士学位论文．
景金勇，高佩玲，孙占泉，等．2015. 引黄灌区“提补水价”节水模式及阶梯水价模型研究．中国农村水利水电，(2)：108-111.
康绍忠．2014. 水安全与粮食安全．中国生态农业学报，22（8)：880-885.
雷波，姜文来．2004. 节水农业综合效益评价研究进展．灌溉排水学报，(3)：65-69.
李百全．2008. 基于分质供水的地下水资源模糊定价模型研究．中国农村水利水电，(12)：39-41，44.
李凌．2005. 相关利益主体的互动对参与式灌溉管理体制发育的影响．北京：中国农业大学硕士学位论文．
李青，薛珍，陈红梅，等．2016. 基于 CVM 理论的塔里木河流域居民生态认知及支付决策行为研究．资源科学，38（6)：1075-1087.
李然，田代贵．2016. 农业水价的困境摆脱与当下因应．改革，(9)：107-114.
李生潜．2015. 西北干旱地区农业水价分担模式探讨．中国水利，(6)：15-17.

李智，张慧芳. 2011. 理论极限灌溉水价探讨. 水利经济，29（2）：35-37，77.
梁伟森. 2015. 农村水利公共服务探讨——以供给分析为主. 现代农业科技，(12)：303-304，310.
廖永松，鲍子云，黄庆文. 2004. 灌溉水价改革与农民承受能力. 水利发展研究，(12)：29-34.
刘河元，范金星. 2015. 小型水库灌溉系统利益相关者的行为博弈分析. 湖南农业科学，(6)：67-69.
刘红梅，王克强，黄智俊，2006. 农业水价格补贴方式选择的经济学分析. 山西财经大学学报，(5)：81-85.
刘红艳，张慧颖，黄海燕，等. 2018. 模糊数学在农业水价中的应用. 农业工程，8（10）：81-85.
刘宏让. 2010. 灌区农业水价成本补偿机制探究. 中国水利，(12)：29-32.
刘建英，吴玉娟. 2007. 农业末级渠系水费核算和征缴中各利益相关者的界定与其寻租行为分析. 科技信息（学术研究），(7)：12，14.
刘利，干胜道. 2009. 利益相关者理论在我国的研究进展. 云南财经大学学报（社会科学版），24（2）：120-129.
刘梅芳. 2013. 我国农田水利供给的利益关系与激励机制构建研究. 昆明：云南财经大学硕士学位论文.
刘维哲，王西琴，张馨月. 2018. 关中地区灌溉水经济价值与水价上涨空间研究. 中国物价，(8)：23-25，29.
刘维哲，唐溧，王西琴，等. 2019. 农业灌溉用水经济价值及其影响因素——基于剩余价值法和陕西关中地区农户调研数据. 自然资源学报，34（3）：553-562.
刘小勇. 2016. 农业水价改革的理论分析与路径选择. 水利经济，34（4）：31-34，74.
刘笑可. 2019. 基于G1法与熵权法的新型研发机构备案指标筛选研究. 石家庄：河北科技大学硕士学位论文.
刘艳萍. 2018. 基于利益相关者理论的中国农业节水灌溉激励机制研究. 世界农业，(6)：57-62.
刘莹，黄季焜，王金霞. 2015. 水价政策对灌溉用水及种植收入的影响. 经济学（季刊），14（4）：1375-1392.
刘渝，李凌卉. 2013. 我国农业用水补贴“暗改明”的经济分析与方式比较. 价格理论与实践，(11)：43-44.
刘增进，王松林，潘乐. 2008. 模糊数学模型在水价计算中的应用. 人民黄河，(7)：45-47.
刘志仁，严乐. 2013. 当前西北内陆河流域农民用水者协会健全法制路径探析. 宁夏社会科学，(1)：29-34.
柳长顺. 2010. 关于新时期我国农业水价综合改革的思考. 水利发展研究，(12)：16-20.

柳长顺，丁惠英 . 2010. 台湾地区农田水利法规体系及相关规定分析．水利发展研究，（4）：30-33.

龙开胜，王雨蓉，赵亚莉，等．2015. 长三角地区生态补偿利益相关者及其行为响应．中国人口·资源与环境，25（8）：43-49.

龙通平．2014. 农水变革要吸引农民参与带给农民利益．农村工作通讯，(14)：1.

龙玉婷．2019. 政府同公益组织合作治理的博弈模型及参与机制研究．重庆：西南财经大学硕士学位论文．

卢金锁，刘飞，李绥龙．2017. 内蒙古水资源费征收标准的测算．中国给水排水，33（7）：76-79.

卢竹生，刘品章，梁金文．2015. 江西大型灌区农业水价分担模式探——以锦北灌区为例．中国水利，(12)：35-37.

马国勇，陈红．2014. 基于利益相关者理论的生态补偿机制研究．生态经济，(4)：33-36，49.

孟召娣，李国祥．2020. 中国粮食产需平衡的时空格局演变分析——基于粮食用途和省域层面的视角．农业现代化研究，41（6）：928-936.

聂建中，苗慧英．2003. 河北省南水北调供水区城市用水适宜水费承受指数的确定．南水北调与水利科技，(6)：4-5，9.

潘海英，汪欣．2019. 典型流域水权市场建设中利益相关者利益冲突与平衡．水利经济，37（5)：66-72，80.

彭补拙，黄贤金，濮励杰．2008. 资源科学概论．北京：科学出版社．

彭晓明，王红瑞，董艳艳．2006. 水资源稀缺条件下的水资源价值评价模型及其应用．自然资源学报，(4)：670-675.

乔旭宁，詹慧丽，唐宏，等．2018. 渭干河流域农业灌溉用水的农户支付意愿及影响因素分析．干旱区资源与环境，32（11）：22-28.

秦昌波，苏洁琼，容冰，等．2019. 我国水资源安全面临的挑战与应对策略研究．环境保护，47（10)：47-48.

秦长海．2013. 水资源定价理论与方法研究．北京：中国水利水电科学研究博士学位论文．

邱立波．2020. 基于生态系统服务价值的灌区灌溉全成本水价核算方法研究．江苏：扬州大学硕士学位论文．

邱书钦．2016. 我国农业水价分担模式比较及选择——兼析国际农业水价分担模式经验借鉴．价格理论与实践，(12)：52-55.

屈晓娟．2018. 基于利益相关者的引黄灌区农业水资源节水激励研究．西安：陕西师范大学博士学位论文．

任梅芳．2010. 农业节水灌溉水价形成机制与农户承载力分析．现代节水高效农业与生态灌区建设（上），中国农业工程学会：7.

任梅芳．2012．基于节水技术推广的农业节水水价研究．杨凌：西北农林科技大学硕士学位论文．

任玉治，范明元，刘军．2018．农业用水精准补贴与节水奖励机制探讨．山东水利，（3）：18-19．

石玉林，卢良恕．2004．中国农业需水与节水高效农业建设．北京：中国水利水电科学出版社．

苏人琼．1999．黄河下游断流与东线南水北调工程．资源·产业，（4）：23-28．

孙梅英，马素英，顾宝群，等．2011．农业灌溉水费"暗补"改为"明补"的必要性与可行性．水利经济，29（1）：35-38，74-75．

唐宏，杨中垒，马历．2019．农户灌溉水费支付意愿及影响因素研究——基于绵阳市207户农户的调查．四川农业大学学报，37（1）：134-142．

田贵良．2018．我国水价改革的历程、演变与发展——纪念价格改革40周年．价格理论与实践，（11）：5-10．

田贵良，孙兴波，石常峰，等．2014．农民减负与节水激励双重约束下我国农业水费补偿机制设计．价格理论与实践，（2）：57-59．

万昌明．2006．国外水价形成机制的比较研究．金融经济，（2）：155-156．

汪国平．2011．农业水价改革的利益相关者博弈分析．科技通报，27（4）：621-624．

汪少文，胡震云．2013．基于利益相关者的农业节水补偿机制研究．求索，（12）：227-229．

王国振．2020．丹江口库区及上游水土保持工程生态效益评价．北京：中国科学院大学硕士学位论文．

王海静．2016．水权交易中的政府角色——以东阳、义乌水权交易案例为视角．法制与社会，（21）：67，76．

王浩，汪林，杨贵羽．等．2018．我国农业水资源形势与高效利用战略举措．中国工程科学，20（5）：9-15．

王建浩，时卫平，王西琴．2018．关中地区农民水价支付意愿及其影响因素分析．干旱区资源与环境，32（3）：77-82．

王静，于洋，董丽丹．2016．用C-D生产函数模型计算灌溉效益分摊系数．东北水利水电，34（11）：64-66．

王静，于洋，孙磊．2017．省区尺度的灌溉效益分摊系数计算与分析．东北水利水电，35（9）：56-59，72．

王丽香．2019．内蒙古沿黄地区水权交易潜在风险的政府规制研究．呼和浩特：内蒙古财经大学硕士学位论文．

王密侠，汪志农，尚虎君，等．2005．关中九大灌区农业水价与农户承载力调查研究．灌溉排水学报，（3）：1-4，22．

王思博，张开玄．2015．农业水价综合改革背景下节水收益分配机理研究．安徽农业科学，43（27）：282-284．
王西琴，王建浩，高佳，等．2016．陕西关中地区农民对水价上涨承受能力研究．中国物价，（8）：70-72，91．
王绪颖．2013．引黄灌区水权转换市场上的利益相关者分析．银川：宁夏大学硕士学位论文．
王学渊，赵连阁．2008．中国农业用水效率及影响因素——基于1997—2006年省区面板数据的SFA分析．农业经济问题，（3）：10-18，110．
王燕云，龙爱华，向立云，等．2019．基于LP-PSO的塔里木河流域农业种植结构优化研究．水利水电技术，50（12）：191-197．
王一新．2017．超大城市洪涝灾害情景评估及其在太湖流域应用研究．天津：天津大学博士学位论文．
王志敏，王树安．2000．"退一进三"——关于新时期农业发展问题与对策的思考．科技导报，（6）：29-30．
魏帅．2019．基于农业水价的区域农业水资源优化配置．哈尔滨：东北农业大学硕士学位论文．
文来．2011．我国农业水价改革总体评价与展望．水利发展研究，11（7）：47-51．
吴红霞，李荆荆，聂艳，等．2017．基于偏最小二乘回归模型的湖北省粮食产量影响因素分析．湖北农业科学，56（13）：2553-2559．
吴立娟．2015．河北省井灌区农业节水管理机制研究．保定：河北农业大学硕士学位论文．
武豹，张传忠．2018．对社会公益组织实现自身价值诉求的思考．科技经济导刊，26（13）：92-93．
夏帆，李宝玉，曹连海，等．2019．基于作物生产水足迹的农业灌溉水价研究．中国农村水利水电，（1）：92-96．
谢开勇，张婷婷，王倩．2012．产学研合作各方利益诉求下的政府作为分析．科技管理研究，32（21）：30-33，37．
谢栌乐．2015．基于灌溉效益和碳足迹的河北省农业可持续发展研究．石家庄：河北科技大学硕士学位论文．
谢文新．2018．分工比较视阈中当代中国人的存在与发展研究．广州：华南理工大学博士学位论文．
邢夏洁，袁汝华．2017．农业灌溉用水补偿博弈研究．节水灌溉，（3）：70-73．
徐俊英．2009．农民用水协会在灌区水管工作中的作用．甘肃水利水电技术，45（11）：43-44．
徐锐．2019．溧阳市农业水价综合改革方案研究．江苏：扬州大学硕士学位论文．
徐璇，毛春梅．2013．我国农业水价分担模式探讨．水利经济，31（2）：19-22，26，75-76．
徐增阳，杨翠萍．2010．村委会与村集体经济组织的关系．村委主任，（14）：29-30．

徐占国．2005．基于对象分析的灌溉水价制定方法．节水灌溉，(5)：38-39.

许朗，刘甜甜．2014．农民灌溉水价心理承受力的影响因素分析——基于山东省243户农户的问卷调查．水利发展研究，14（5）：7-10，56.

杨斌．2007．农业水价改革与农民承受能力研究．价格月刊，(12)：21-24.

杨斌．2009．基于粗糙集理论的农业水价承受能力研究．第十一届中国管理科学学术年会论文集：6.

杨海燕，贾艳彬．2009．农民用水协会功能与绩效分析．吉林水利，(12)：72-74.

杨旭，于水利，由海波．2008．模糊数学综合评判在水资源价值评估中的应用．海河水利，(2)：49-51.

杨怡红．2018．准公共物品供给中的政府角色定位——以公私合作制为视角．上海：上海市经济管理干部学院学报，16（6）：44-51.

杨振亚．2017．农业水价定价与生产用水补偿耦合模型研究．杨凌：西北农林科技大学硕士学位论文．

殷俊，段亚男．2020．准公共物品理论下我国养老服务财政补贴政策的失衡与纠偏．决策与信息，(8)：34-42.

尹庆民，马超，许长新．2010．中国流域内农业水费的分担模式．中国人口·资源与环境，20（9）：53-58.

尹小娟，蔡国英．2016．基于CVM的农户水价支付意愿及其影响因素分析——以张掖市甘临高三地为例．干旱区资源与环境，30（5）：65-70.

尹越，陈菁，施红怡，等．2017．基于能值理论与稻田灌溉多功能性农业水价机制分析．排灌机械工程学报，35（11）：993-999.

应若平．2008．国家介入与农民用水户协会发展——以湖南井塘农民用水户协会为例．湖南农业大学学报（社会科学版），(3)：38-41.

张建斌，张雅丽，朱雪敏．2020．激励相容农业水价补贴：一个政策框架分析．价格月刊，(7)：1-7.

张明炷，李远华，崔远来，等．1994．非充分灌溉条件下水稻生长发育及生理机制研究．灌溉排水，(4)：6-10.

张妮．2015．农业灌溉水费政策性亏损补偿机制探讨．时代金融，(23)：208-209.

张宁，华楠．2014．农村水利管理的利益相关者博弈均衡分析——以浙江省为例．杭州电子科技大学学报（社会科学版），(6)：7-14.

张秋平，郝晋珉，白玮．2008．黄淮海地区粮食生产中的农业水资源经济价值核算．农业工程学报，(2)：1-5.

张维康，刘宇荧，傅新红，等．2014．心理账户、享乐编辑与灌溉水价——来自四川省灌区农民的调查分析．资源科学，36（12）：2584-2593.

张鑫，王家辰．2012．农田水利设施建设中村社力量不足的研究——基于利益相关者的视角．改革与战略，28（2）：92-94.

张雅君，杜晓亮，汪慧贞．2008．国外水价比较研究．给水排水，(1)：118-122.

张永久，马忠明，邓斌，等．2006．有限灌溉条件下春小麦的蒸散特征及其与产量的关系．麦类作物学报，(4)：98-102.

张煜．2019．关于农业投入产出的线性回归模型．农村经济与科技，30（18）：227-228.

张振伟，马建琴，李英，等．2015．基于B/S模式的北方冬小麦实时在线非充分灌溉管理研究及应用．干旱区资源与环境，29（2）：120-125.

赵姜，龚晶．2018．京郊农户节水型农业结构调整的意愿及影响因素分析．干旱区资源与环境，32（5）：53-58.

赵姜，龚晶，孟鹤．2016．发达国家农业节水生态补偿的实践与经验启示．中国农村水利水电，(10)：57-58.

赵娟．2008．陕西省宝鸡市水资源价值研究．杨凌：西北农林科技大学硕士学位论文．

赵平萍，温小虎，毕延凤，等．2010．青岛市水资源价值模糊综合评价．人民黄河，32（7）：66-67，70.

赵文杰，唐丽霞，刘鑫淼，等．2016．利益相关者视角下农村水资源管理模式实证分析．节水灌溉，(2)：75-78，83.

赵印英，罗朋，褚桂红，等．2014．丘陵山区农民对灌溉水价承受能力分析．中国农村水利水电，(11)：147-150.

赵永．2004．作物需水量计算方法比较与非充分灌溉预报研究．杨凌：西北农林科技大学硕士学位论文．

赵永，窦身堂，赖瑞勋．2015．基于静态多区域CGE模型的黄河流域灌溉水价研究．自然资源学报，30（3）：433-445.

赵勇，邵奇．2010．滨州市小开河灌区农民灌溉水价经济承受能力分析．水利科技与经济，16（9）：965-968.

甄鸣涛．2019．基于演化博弈的农户节水集体行动参与策略分析——以“一提一补”水价改革模式为例．中国农村水利水电，(11)：133-138，144.

郑军，张航．2018．美国农业保险的利益相关者分析与成功经验．华中农业大学学报（社会科学版），(2)：88-96，159.

钟炎军．2009．公立医院利益相关者及其利益诉求研究．武汉：华中科技大学硕士学位论文．

钟玉秀，刘洪先．2003．对水价确定模式的研究与比较．价格理论与实践，(9)：17-18.

钟玉秀，陈博，王亦宁，等．2013．宁夏中部干旱带水权转让中的利益保护机制建设．水利发展研究，13（9）：18-21，32.

钟涨宝．2010．农村社会学．北京：高等教育出版社．

周芳，马中，郭清斌．2014．中国水价政策实证研究——以合肥市为例．资源科学，36（5）：885-894．

周晓平．2007．小型农田水利工程治理制度与治理模式研究．南京：河海大学博士学位论文．

周晓熙，郑旭荣．2007．节水农业补偿实践——以新疆奎屯河流域灌区为例．中国农村水利水电，（4）：50-51．

周晓熙，郑旭荣，刘坤．2005．不完全信息政府提高农业水价再补贴政策分析．灌溉排水学报，（6）：68-70．

朱杰敏，张玲．2007．农业灌区水价政策及其对节水的影响．中国农村水利水电，（11）：137-140．

朱钟麟，赵燮京．2001．西南地区节水农业的特点和技术模式．西南农业学报，（S1）：108-112．

禚元荟．2016．农村饮用水价格测定及管理研究——以点军区为例．武汉：武汉理工大学硕士学位论文．

中华人民共和国水利部．2020．2020年中国水资源公报．

Teerink. J R. 2000. 加利福尼亚州水价研究．海河水利，（5）：44-46．

Abuzeid M. 2001. Water pricing irrigated agriculture. Water Resources Development, 17（4）: 527-538.

Akter S. 2007. Farmers willingness to pay for irrigation water under government managed small scale irrigation projects in Bangladesh. Journal of Bangladesh Studies,（9）: 21-31.

Alemayehu T. 2014. Smallholder farmer's willingness to pay for improved irrigation water: A contingent valuation study in Koga irrigation project, Ethiopia. Journal of Economics Sustainable Development, 5（19）: 5-17.

Amprako J L. 2015. The United Nations World Water Development Report: Water for a Sustainable World.

Aydogdu M H. 2016. Evaluation of willingness to pay for irrigation water: Harran plains sampling in gap region-Turkey. Applied Ecology & Environmental Research, 14（1）: 349-365.

Berbela J, Gomez-Limonb J A. 2000. The impact of water-pricing policy in spain: An analysis of three irrigated areas. Agricultural Water Management, 43: 219-238.

Bustos R, Marre M J. 2001. Performance of water users' associations in the lower Tunuyan Area, Argentina. Irrigation and Drainage Systems, 15（3）: 235-246.

Ciotola R J, Lansing S, Martin J F. 2011. Energy analysis of biogas production and electricity generation from small-scale agricultural digesters. Ecological Engineering, 37（11）: 1681-1691.

Cornish G A, Perry C J. 2003. Water Charging in Irrigated Agriculture: Lessons from the Field. Wallingford: HR Wallingford Group Ltd.

Daanish M, Amelia A, Laura M S. 2016. Water user associations and the politics of water in Jordan. World Development, 79: 164-176.

Davis S, Pocosangre A, Hicks P. 2014. Six factors for improving rural water services in Central America. Global Water Initiative.

Dinar A. 2001. The Political Economy of Water Pricing Reforms. Washington, D. C.: World Bank Group.

Duan Y Z, Liu G J. 2016. Water resource pricing study based on water quality fuzzy evaluation: A case study of Hefei City. Computational Water, Energy, and Environmental Engineering, 5 (4): 99-108, 110-111.

Fakhraei S H, Narayanan R, Hughes T C. 1984. Price rigidity and quantity rationing rules under stochastic water supply. Water Resources Research, 20 (6): 664-670.

Garrido A, Calatrava J. 2010. Agricultural Water Pricing : EU and Mexico. Paris: OECD .

Haggard S, Webb S. 1996. Voting for Reform: Democracy. New York: Oxford University Press.

Hewitt H, Julie A, Michael H. 1995. A Discrete continuous choice approach to residential water demand under block rate pricing. Land Economics, 71 (2): 173-192.

Huang Q Q, Scott R. Richard H. et al. 2010. Irrigation water demand and implications for water pricing policy in rural China . Environment & Development Economics, 15 (3): 293-319.

James E N, Ogura C. 2010. Agricultural Water Pricing: Japan and Korea. Paris: OECD.

James E, Moncur T. 1987. Urban water pricing and drought management. Water Resources Research, 23 (3): 393-398.

Jia S, Long Q, Wang R Y, et al. 2016. On the inapplicability of the cobb-douglas production function for estimating the benefit of water use and the value of water resources. Water Resources Management, 30 (10) : 3645-3650.

Justin D D, Paul J B. 2018. Promoting competitive water resource use efficiency at the water-market scale: An intercooperative demand equilibrium-based approach to water trading. Water Resources Research, 54 (8): 5394-5421.

Kim H Y. 1995. Marginal cost and second-best pricing for water services. Review of Industrial Organization, 10: 323-338.

Latino P D. 2003. Economic valuation of irrigation water: Implications from a meta-analysis. Lemnos Island, Greece: The 8th International Conference on Environmental Science and Technology.

Li Y F, Liu F S. 2016. Implications of Israeli agricultural water price sharing system to China. Asian Agricultural Research, 8 (6): 47-50.

Linda S P. 2009. Determinants and benefits of household level participation in rural Drinking water projects in India. Journal of Development Studies, 4 (45): 471-495.

Malin F. 1992. Water scarcity and population Growth: A spiraling risk. Ecodeision, 21 (9): 498-502.

Marzieh M, Zahra Z, Mojtaba E, et al. 2019. Comparative analysis of agricultural water pricing between Azarbaijan Provinces in Iran and the state of California in the US: A hydro- economic approach. Agricultural Water Management, 223: 105724.

Medellín-Azuara, Howitt R E, Harou J J. 2012. Predicting farmer responses to water pricing, rationing and subsidies assuming profit maximizing investment in irrigation technology . Agricultural Water Management, 108: 73-82.

Michael J S, Michael F G, Paul A. 2007. Longley. Geospatial Analysis - A Comprehensive Guide, 2nd edition. UK: Troubador Publishing Ltd.

Mitchell A, Wood D. 1997. Toward a theory stakeholder identification and salience: Principle of who and what really counts. Academy of Management, 22 (4): 853-886.

Paolo D, Davide D C, Lorenzo R, et al. 2020. The global value of water in agriculture. Proceedings of the National Academy of Sciences, 117 (36): 21985-21993.

Parker S, Speed R. 2010. Agricultural water pricing: Australia. Paris: OECD.

Parvaneh N, Saeed Y, Reza M. 2018. The effects of agricultural water pricing policies on the sustainability of the water resources: A case of irrigation network in Qazvin Plain. Asian Journal of Water, Environment and Pollution, 15 (4): 1-14.

Peter R, Radhika S, Ramesh B. 2002. Water is an economic good: How to use prices to promote equity, efficiency, and sustainability . Water Policy, 4 (1): 1-17.

Postel Sandra. 1999. Pillar of Sand: Can the Irrigation Miracle Last? New York: Norton Company.

Sandra P. 2000. Pillar of sand: can the irrigation miracle last? New York. Agricultural Systems, 66 (3): 205-206.

Sapino F, Pérez-Blanco C D, Gutiérrez-Martín C. 2020. An ensemble experiment of mathematical programming models to assess socio-economic effects of agricultural water pricing reform in the Piedmont Region, Italy. Journal of Environmental Management, 267: 110645.

Seo S, Segarra E, Mitchell P D, et al. 2008. Irrigation technology adoption and its implication for water conservation in the Texas High Plains: A real options approach. Agricultural Economics, 38 (1): 47-55.

Shira Z, Simhon F A . 2006. Block- rate versus uniform water pricing in agriculture: An empirical analysis . American Journal of Agricultural Economics, 88 (4): 987-999.

Shira Z B, Finkelshtain I, Simhon A. 2014. Block-rate versus uniform water pricing in agriculture: An empirical analysis. American Journal of Agricultural Economics, 88 (4): 986-999.

Sisto. N P. 2009. Environmental flows for rivers and economic compensation for irrigators. Journal of

Environmental Management. 90, (2): 1237-1240.

Tsur Y. 2005. Economic aspects of irrigation water pricing. Canadian Water Resources Journal, 30 (1): 31-46.

Vasileiou K, Mitropoulos P, Mitropoulos I. 2014. Optimizing the performance of irrigated agriculture in eastern England under different water pricing and regulation strategies. Natural Resource Modeling, 27 (1): 128-150.

Vega J, Lee D R, Boisvert R N. 2006. Payments for watershed services: An application to irrigation pricing in the El Angel Watershed, Carchi, Ecuador. Queensland, Australia: International Association of Agricultural Economists.

Wang Z Y, Shen J Q, Sun F H, et al. 2019. A pricing model for groundwater rights in Ningxia, China based on the fuzzy mathematical model. International Journal of Environmental Research and Public Health, 16 (12): 20176.

Zhou Y, Zhang Y, Abbaspour K C, et al. 2009. Economic impacts on farm households due to water reallocation in China's Chaobai watershed. Agricultural Water Management, 96 (5): 883-891.